Aprenda a declarar seu Imposto de Renda

GUIA PASSO A PASSO DA DECLARAÇÃO

Aprenda a declarar seu Imposto de Renda

GUIA PASSO A PASSO DA DECLARAÇÃO

1ª Edição
2018

Alexandre Martins

Copyright 2018

Todos os direitos reservados e protegidos pela Lei 9.610 de 19/02/1998.
É proibida a reprodução desta obra, mesmo parcial, sem prévia autorização por escrito do autor.

Nota: Trabalhei para fornecer as informações mais precisas possíveis, com base no meu conhecimento de usuário dos sistemas da Receita Federal e nos conteúdos por ela disponibilizada. Porém erros podem incorrer nesta obra e não me responsabilizo por quaisquer danos, perdas ou despesas, sejam de maneira direta ou indireta, decorrentes do uso das informações apresentadas ou omissões neste livro.

ISBN: 978-85-906387-0-4

E-mail: alexm_82-livroirpf@yahoo.com

Aos meus pais e minha esposa,

pelo carinho, apoio, e tudo o que

aprendi e aprendo com vocês.

Sumário

Prefácio

Olá caro leitor,

Venho através deste livro, ajudá-lo a preencher a sua Declaração do Imposto de Renda.

Inspiro-me nas pessoas que poderiam preencher a declaração por conta própria, mas não o fazem por falta de um material amigável que os orientem neste procedimento.

Claro que o assunto é abrangente, logo proponho discutir os tópicos mais comuns.

Espero auxiliá-lo neste aprendizado, com este livro, o qual foi escrito de maneira objetiva, funcionando como um guia passo a passo desde a instalação até o preenchimento e envio da declaração.

Quem sabe ao final você também conseguirá ajudar outros amigos nesta tarefa?

Um grande abraço e mãos a obra
Alexandre Martins

Introdução

A tributação sobre a renda é a forma utilizada pela maioria dos governos para subsidiar os serviços públicos, como educação, saúde e segurança.

Deveria permitir também uma melhor distribuição da renda, visto que há diferentes faixas de tributação conforme os ganhos apurados, onde quem ganha mais participa com uma contribuição maior, ajudando assim nos serviços comuns a toda a população.

Há relatos que o imposto já era cobrado em várias regiões pelo mundo desde as épocas medievais, e aqui no Brasil desde o reinado de Dom Pedro II. Mas de tempo em tempo era instituído e revogado, pois não havia consenso de sua aplicação e uso do dinheiro arrecadado.

Somente em 1924 o imposto de renda foi efetivado, ainda na República dos Estados Unidos do Brasil. Foram definidas faixas de contribuição, inclusive com isenções, e a cobrança anual como conhecemos até hoje.

Antigamente o formulário de declaração era de papel e preenchido a mão, tinha que ser entregue pessoalmente na Receita Federal ou nos bancos autorizados.

O primeiro programa de computador de Declaração de Imposto de Renda da Receita Federal no Brasil teve origem em 1991, mas a entrega era feita via meio magnético, através dos velhos disquetes.

Surge em 1997 o Receita Net, programa que permitia a entrega da Declaração via Internet. Recentemente o Receita Net foi incorporado ao programa IRPF, sendo assim possível declarar e enviar em um mesmo aplicativo.

Essa digitalização das informações permite um trabalho mais eficiente da Receita Federal, pois os computadores conseguem processar rapidamente e eficientemente as informações dos contribuintes pessoas físicas e jurídicas, cruzando os dados em busca das sonegações de impostos. Isto é bom para o cidadão, afinal, se alguém sonega imposto, todos pagarão por isso, direta ou indiretamente.

A utilização do programa para declaração de imposto de renda facilitou também a vida do contribuinte, com a verificação e correção das informações sem ter de preencher outro formulário (imagine na época do papel), armazenamento dos dados de um ano para outro e o envio digital.

Porém para poder usufruir das novas facilidades, o contribuinte deve familiarizar-se com o aplicativo e os procedimentos definidos pela Receita Federal.

Assim lhe apresento este livro, que tem por objetivo apresentar-lhe como preencher e transmitir a declaração do imposto de renda da pessoa física.

Os principais termos utilizados tanto no meio da computação, como pela Receita Federal, são explicados conforme forem citados e estão disponíveis também no capítulo "Glossário", no final do livro.

Dicas e explicações extras sobre o assunto estão separadas em caixas como esta, para facilitar a leitura e identificação.

Disponibilizo também o capítulo "Perguntas Frequentes – FAQ", com as principais dúvidas na utilização e preenchimento da declaração.

O livro está organizado em tópicos dispostos de forma contínua, para possibilitar serem seguidos na ordem apresentada, a fim de facilitar o preenchimento da declaração.

Os passos iniciais abordados são a instalação do programa da Receita Federal e explicação do seu funcionamento, além do que é necessário para a sua utilização.

A seguir detalho o preenchimento das fichas de declaração, com explicação dos campos apresentados e com exemplos.

A abordagem do processo da declaração do imposto de renda e os valores descritos foram baseados no uso do programa IRPF no ano de 2018. Todavia descrevo o passo a passo de forma que o livro possa ser utilizado em outros anos de declaração, desde que não ocorram grandes mudanças no programa (não são comuns grandes reformulações no IRPF).

Ao final verificaremos o preenchimento da declaração, também veremos como funciona o processo de entrega, retificação e acompanhamento da restituição, se houver.

Requisitos iniciais

Para que você consiga declarar o seu Imposto de Renda, é necessário:

- Que tenha em mãos os informes de rendimentos enviados pelo banco, pelo seu empregador, entre outros (consulte neste livro o capítulo "Obtendo os Informes de Rendimento");
- Conhecimentos básicos de informática, tanto no uso como em terminologia utilizadas (consulte o capítulo "Glossário" caso tenha alguma dúvida);
- Um computador, que pode ser um notebook ou um PC (computador de mesa);
- Conexão com a internet acessível pelo computador utilizado na declaração.

Configurações recomendadas para utilização do programa IRPF:

- Windows XP ou superior.
- Resolução de vídeo 1280 x 768 pixels ou maior e fontes pequenas.
- Máquina virtual Java, versão 8 (consulte o capítulo "Instalando a JVM").

Obtendo os informes de rendimento

Conforme exposto anteriormente, na declaração do Imposto de Renda, temos que informar todas as fontes de renda e gastos que tivemos no ano anterior. Assim, é necessário obter os informes de rendimento, que são comprovantes que indicam quanto houve de ganho no ano, seja com valores recebidos de salário, rendimentos de caderneta de poupança entre outros.

Abaixo alguns dos principais informes:

Contas em bancos
- A maioria dos bancos no Brasil fornece os informes de rendimento por e-mail ou pelo Internet Banking. Caso não tenha recebido, entre em contato no atendimento do banco ou com o seu gerente.

Trabalhador com carteira registrada
- A empresa deve fornecer o informe de rendimento para preenchimento da declaração do imposto de renda.

Aposentados pelo INSS
- Vá à agência do INSS ou obtenha eletronicamente via internet. Mais detalhes no capítulo "Aposentados pelo INSS" neste livro.

Obtendo os demonstrativos de pagamentos

Já para o lançamento das despesas, é necessário que reúna todos os demonstrativos e recibos de pagamentos. O lançamento destes pagamentos no programa de Imposto de Renda poderá abater parte dos seus rendimentos tributáveis, e com isso receberá um valor maior na restituição ou pagará um valor menor de imposto.

Cartão de Crédito
- Não é necessário declarar os gastos feitos no cartão de crédito.

Aluguel pago
- Solicite a imobiliária ou ao inquilino o demonstrativo para preenchimento da declaração.

Creche, escola ou universidade
- A instituição de ensino pode lhe fornecer o informe, mas nem todas disponibilizam este documento, neste caso utilize os recibos dos pagamentos.

Plano Médico e outras despesas hospitalares
- Solicite o demonstrativo de pagamento ao seu plano médico.
- Para as despesas com médicos particulares, reúna todos os recibos de pagamento.

Sou obrigado a declarar o imposto de renda?

Segundo a Receita Federal, estava obrigado a declarar o imposto de renda em 2018, todo contribuinte que em 2017:

- **Recebeu acima de R$28.559,70 de rendimentos tributáveis no ano de 2017;**
  - Salários, décimo terceiro, horas extras e valores recebidos da aposentadoria do INSS são exemplos de rendimentos tributáveis;
- **Recebeu rendimentos tributáveis ou não tributáveis exclusivamente na fonte com valor superior a R$40.000,00;**
  - Rescisão de trabalho e resgate do FGTS são exemplos;
- **Possuía bens em seu nome com valor superior a R$300.000,00;**
- **Teve ganhos de capital declarados no programa GCAP;**
- **Vendeu imóvel com isenção do IR;**
- **Trabalhadores da Atividade Rural com ganhos superiores a R$142.798,50 ou que esteja compensando prejuízos de anos anteriores.**

Essas regras e valores podem ser modificados conforme o ano de referência da declaração. Consulte o site da Receita em http://receita.fazenda.gov.br para obter a informação atualizada.

Consulte o site da receita para saber também o prazo de entrega da declaração.

Normalmente o período de entrega começa no dia 1 de março e termina em 30 de abril.

Instalando o programa da receita no seu computador

Para instalação do programa da receita no seu computador, primeiramente será necessário baixá-lo no site da Receita Federal. Mas para cada *ano-exercício* existe um programa de *ano-base* específico que deverá ser instalado.

Ano-exercício – É o ano em que a declaração deve ser feita e entregue. Por exemplo, em 2019 deverá ser feita a declaração dos bens, rendimentos e despesas referentes ao *ano-base* 2018.

Ano-base ou ano-calendário – Compreende a declaração dos bens, rendimentos e despesas do período de 1 de janeiro até 31 de dezembro do ano de referência, ou seja, o ano em que aconteceram os fatos a serem declarados.

O programa de declaração de imposto de renda disponibilizado pela receita, tem junto ao nome o *ano-exercício* da declaração. Então para declarar o imposto de renda em 2019, o programa a ser baixado é IRPF2019, o qual se refere ao *ano-base* 2018 (ano em que foram registrados os rendimentos e despesas do contribuinte).

Atenção com a versão do IRPF.

A Receita disponibiliza uma nova versão do IRPF somente no final de fevereiro, antes disso você encontrará no site o IRPF do *ano-exercício* anterior.

Aprenda a declarar seu Imposto de Renda

Acesse o link do site no navegador de internet do seu computador:

http://receita.fazenda.gov.br

A página inicial do site da Receita Federal será semelhante ao da imagem abaixo:

Clique no link "IRPF XXXX", onde XXXX é o *ano-exercício*.

Quando este livro foi escrito, o último programa disponibilizado pela Receita Federal era o IRPF2018. Então você verá nas imagens sempre o texto IRPF2018, mas lembre-se que este se refere ao *ano-base* 2017. Você tem que baixar sempre a versão correspondente ao *ano-base* a ser declarado.

Na tela seguinte localize a seção "IRPF XXXX" e clique em "Download do Programa":

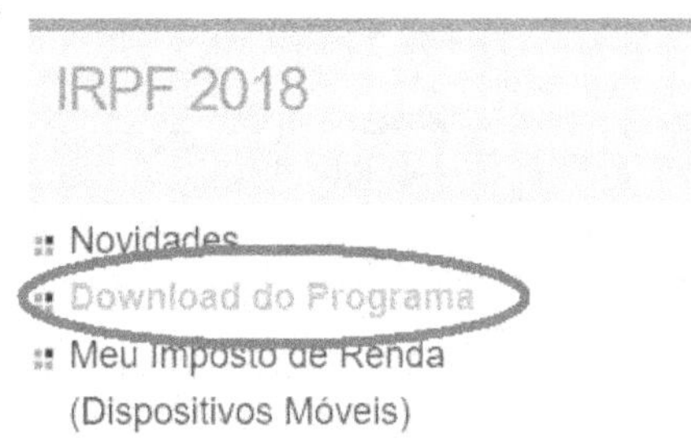

Na tela seguinte localize a seção "Computador", conforme abaixo:

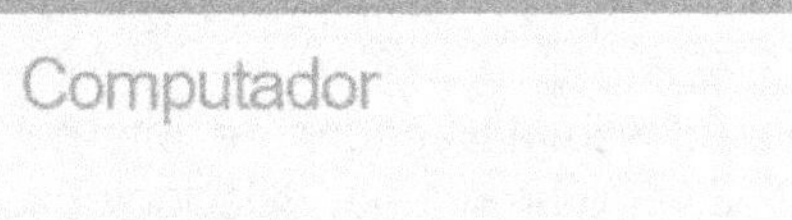

E clique sobre o link com o nome do seu sistema operacional. Normalmente será "Windows".

Visto que a maioria dos computadores utiliza o sistema operacional Windows, este livro foi baseado no seu uso.

Caso utilize outro sistema operacional algumas imagens e procedimentos poderão ser um pouco diferentes.

Aprenda a declarar seu Imposto de Renda

Na seção "Para elaborar a declaração":

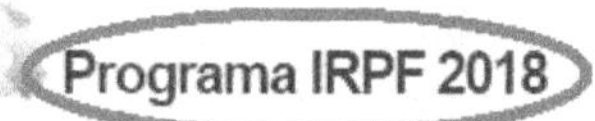

Clique sobre o texto "Programa IRPF XXXX" (onde XXXX é o *ano-exercício*).

Surgirá uma janela no seu navegador de internet perguntando se deseja Executar ou Salvar o programa. Selecione Executar.

Dependendo da versão do Windows, poderá surgir uma mensagem pedindo que você confirme que deseja executar este programa.

Confirme que você quer executar o programa.

Iniciando a instalação o programa confirmará se deseja instalar o IRPF. Clique em "Sim"

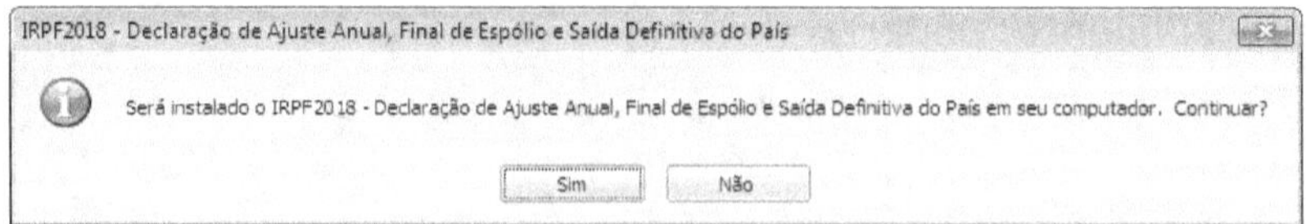

22 - Instalando o programa da receita no seu computador

Após siga a orientação abaixo e feche qualquer outro programa que esteja aberto no seu computador.

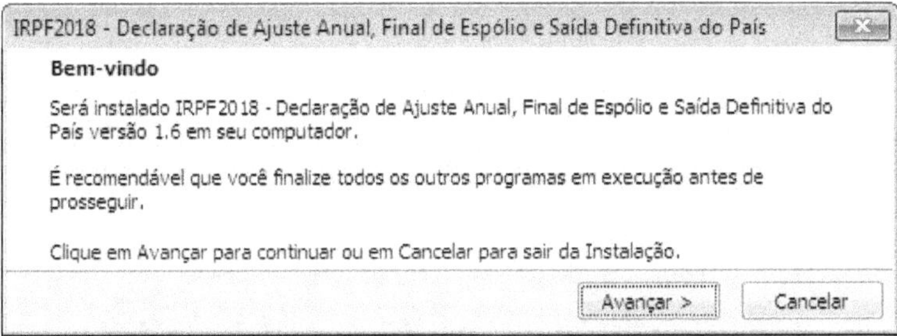

Depois de fechar os outros programas, clique em "Avançar >".

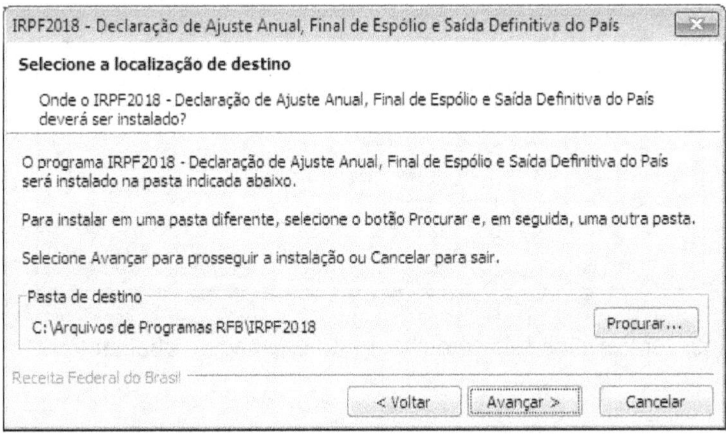

Na tela acima, recomendo não modificar o local de instalação para não gerar possíveis incompatibilidades. Sendo assim, somente clique em "Avançar >".

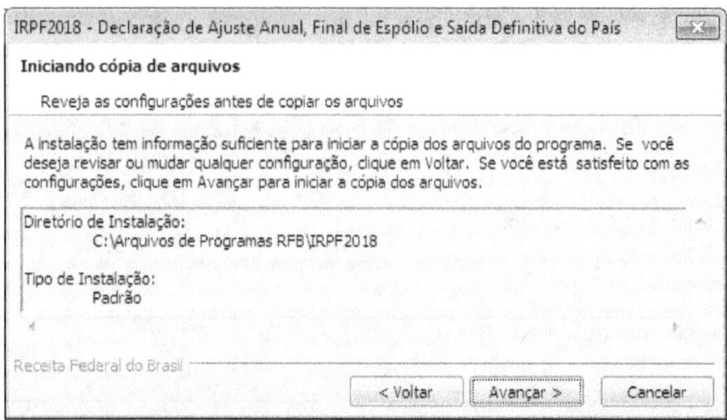

Na tela acima clique novamente em "Avançar >" para confirmar, e aguarde o progresso da instalação.

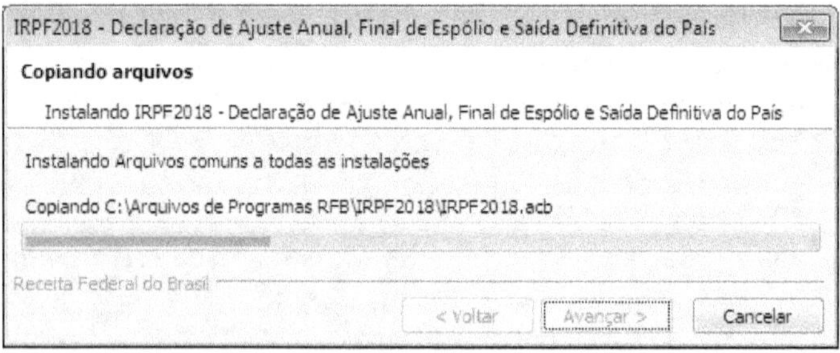

Ao final será exibida tela semelhante ao da imagem abaixo:

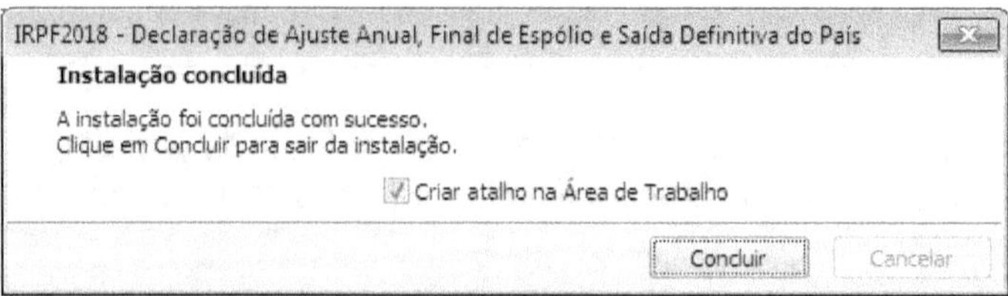

Se deixar marcado "Criar atalho na Área de Trabalho". Será criado um ícone de acesso na tela principal do Windows. Para facilitar o acesso ao programa deixe marcada esta opção e clique em "Concluir".

Instalando a JVM

A JVM (Java Virtual Machine, em português Máquina Virtual Java) permite que programas escritos na linguagem de programação Java sejam executados nos diferentes sistemas operacionais, como Windows, macOS ou Linux.

Cada sistema operacional possui uma máquina virtual Java específica. Desta forma o mesmo código de programação Java consegue ser executado em diferentes sistemas operacionais.

Um dos requisitos para utilização do IRPF é que o computador tenha instalado uma máquina virtual Java na versão compatível. Logo, se ao iniciar ou utilizar o programa IRPF surgir uma mensagem semelhante com as imagens abaixo, será necessário instalar uma JVM recente:

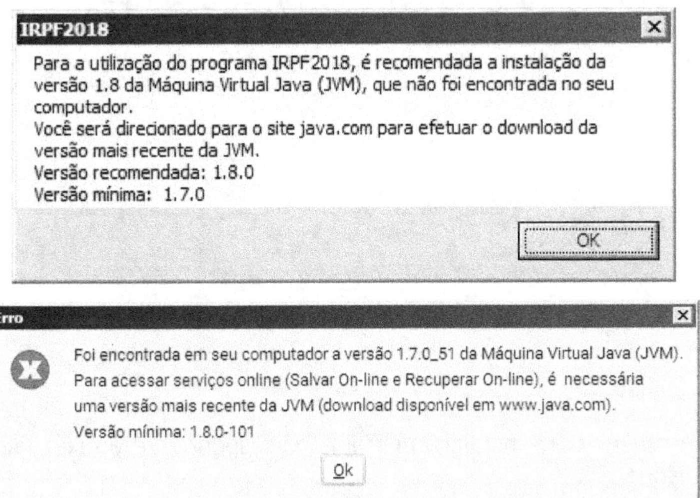

Já se não tiver problemas ao iniciar/utilizar o IRPF, pode pular a instalação da JVM e ir direto para o capítulo "Iniciando o programa IRPF".

Continuando com a instalação da JVM, acesse o site abaixo:

https://www.java.com/pt_BR/download/manual.jsp

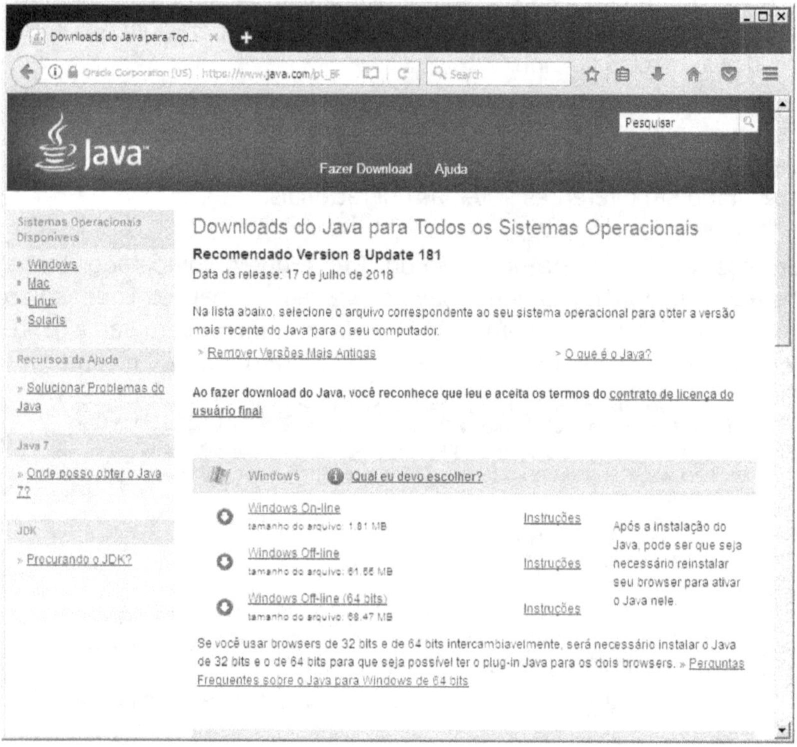

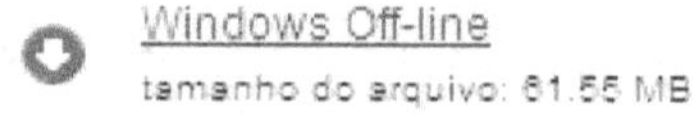

Clique no link para instalação Off-line correspondente ao seu sistema operacional.

Ao ser questionado se deseja Executar ou Salvar o programa. Selecione Executar.

Dependendo da versão do Sistema Operacional, poderá surgir uma mensagem pedindo que você confirme que deseja executar este programa.

Confirme que você quer executar o programa.

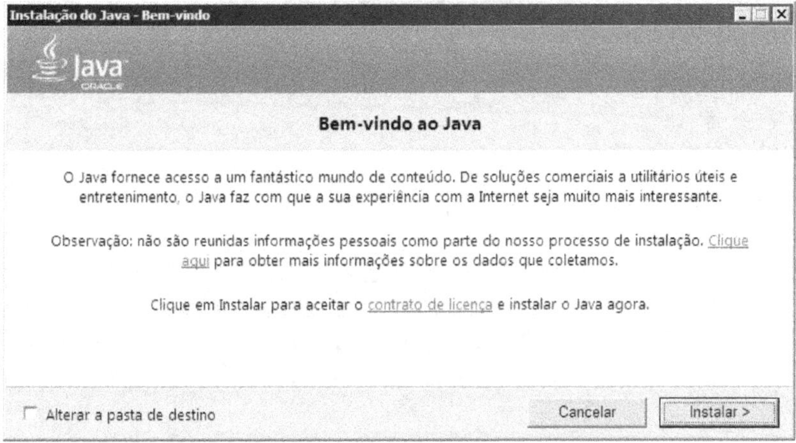

Iniciada a instalação da JVM, clique no botão "Instalar".

Dependendo da versão da JVM podem surgir telas com mensagens informativas durante o processo de instalação.

Ciente das informações, basta seguir o processo de instalação clicando em botões "Ok", "Próximo" ou similares.

Aguarde o progresso de instalação acompanhando pela barra de progresso.

Com a instalação concluída, clique no botão "Fechar".

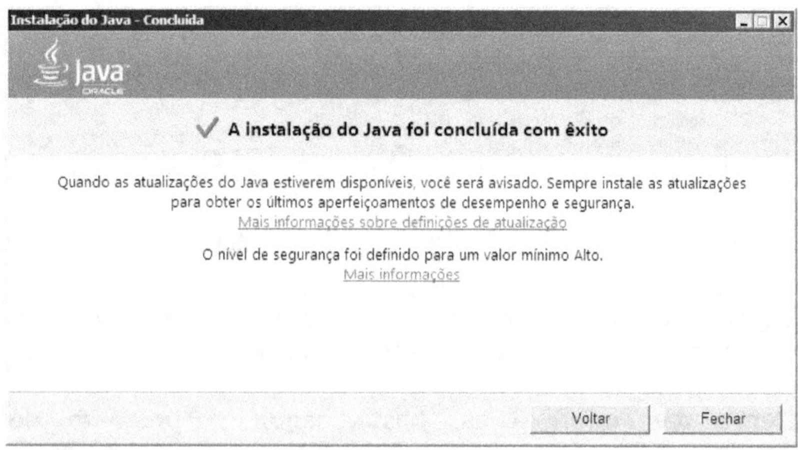

Pronto! Agora a configuração da JVM foi finalizada e você pode utilizar o programa do IRPF.

Iniciando o programa IRPF

Utilize o atalho criado na Área de Trabalho ou o link de acesso no menu do Windows para iniciar o programa IRPF.

A primeira tela que surgirá será semelhante ao da imagem abaixo:

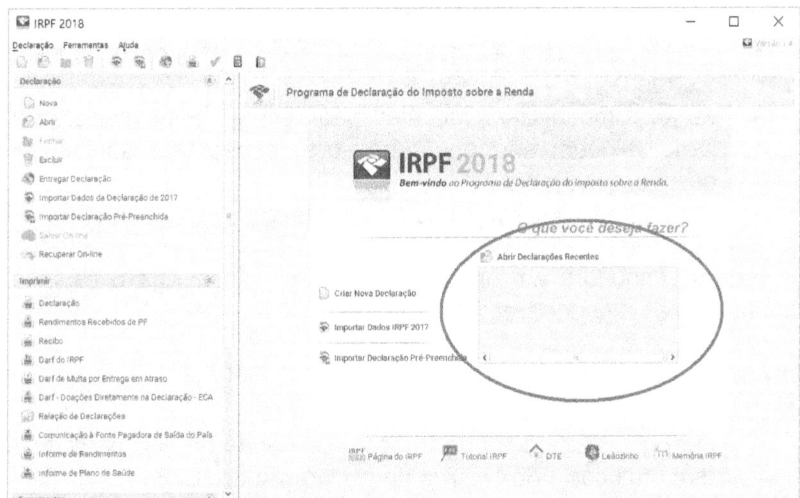

Na área em destaque na imagem, ficam listadas todas as declarações dos contribuintes salvos no computador. Como acabamos de fazer a instalação, nada é exibido nesta área. Mas depois de preenchidas as declarações, o contribuinte será exibido. Com um clique sobre o nome do contribuinte, a declaração será aberta.

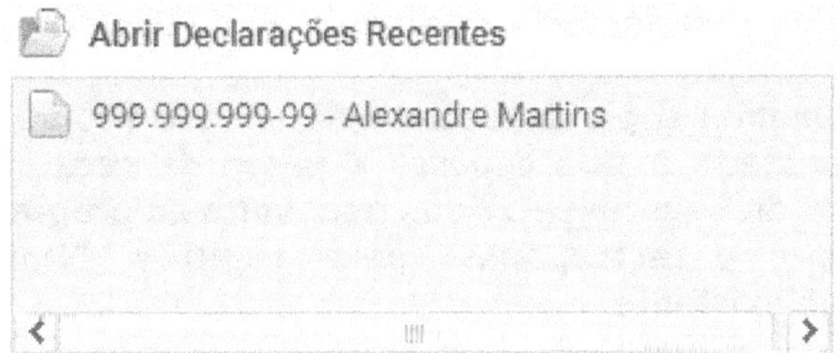

Agora temos a opção de incluirmos uma nova declaração, onde todos os dados terão de ser preenchidos, ou importar uma declaração do ano passado, que trará consigo várias informações já preenchidas.

Veja abaixo em qual caso você se enquadra:

Nova declaração

- Esta é a primeira vez que está obrigado a declarar o Imposto de Renda; ou
- Já fez uma declaração, mas não tem a última declaração salva (alguém entregou para você, e não tem uma cópia deste arquivo); ou
- Fez a última declaração há muito tempo.

Se você se enquadra em uma das situações acima, siga o capítulo "Criando uma nova declaração".

Importar declaração existente

- Entregou declaração de Imposto de Renda no ano passado e tem uma cópia do arquivo de declaração do IRPF.

Se você se enquadra na situação acima, siga o capítulo "Importando declaração existente".

> **Caso tenha feito a declaração no ano passado, mas não tenha gerado uma cópia do arquivo, é possível fazê-lo desde que tenha o programa IRPF do ano anterior ainda instalado no computador onde foi feita a transmissão da declaração.**
>
> **Para gerar uma cópia da declaração, abra o programa IRPF do ano passado e siga o passo a passo da seção "Criando uma Cópia de Segurança". Após isso, volte ao programa IRPF deste ano e acompanhe pelo capítulo "Importando declaração existente".**

Criando uma nova declaração

Utilize este tópico caso:
- Seja sua primeira Declaração de Imposto de Renda; ou
- Já fez uma declaração, mas não tem a última declaração salva; ou
- Fez a última declaração há muito tempo.

Após iniciar o programa da receita, clique em "Criar Nova Declaração".

É aberta uma nova janela com as seguintes opções:

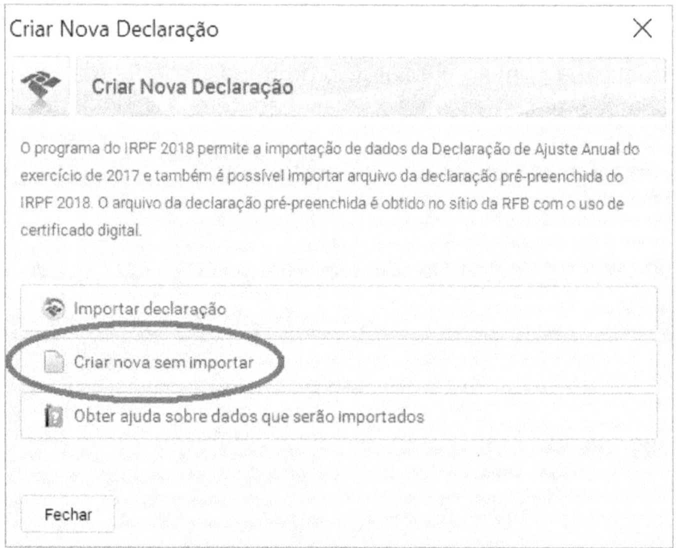

Clique em "Criar nova sem importar".

Na tela que se abre localize a seção abaixo:

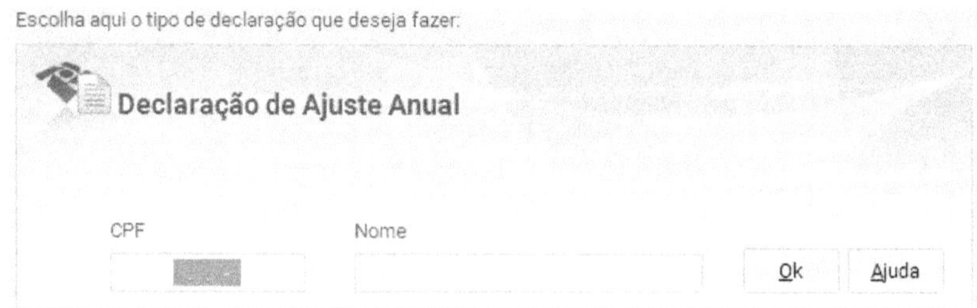

Preencha os campos com o número do seu CPF e seu Nome Completo, e clique em Ok.

A seguir pode ser exibida uma tela informativa da Receita Federal.

No caso da imagem abaixo, é exibido informativo sobre a escolha da Opção pela Tributação, assunto que será abordado no capítulo "Decidindo entre a Declaração Completa ou Simplificada" neste livro.

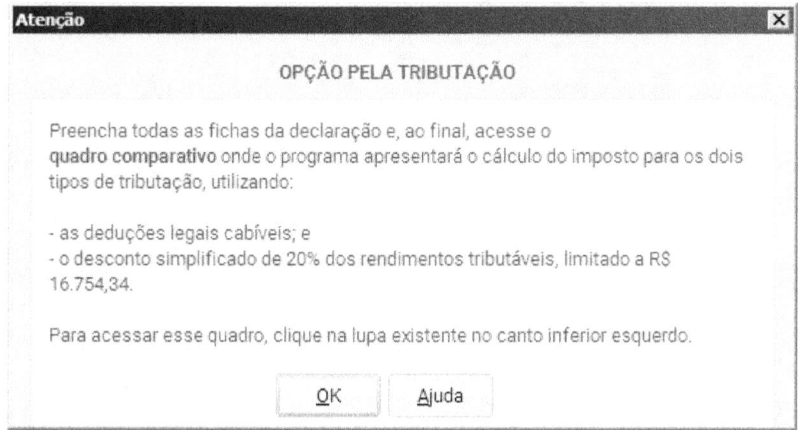

Clique em "Ok" para confirmar que leu o aviso.

Agora que você criou uma nova declaração, vá para o capítulo "Conhecendo o programa IRPF", para introdução de uso do sistema.

Importando declaração existente

Utilize este tutorial para importar a declaração feita no ano anterior, assim itens como bens só precisarão ter os seus valores atualizados.

Na tela inicial do IRPF, selecione a opção "Importar Dados IRPF XXXX". Onde XXXX é o ano-exercício.

> **Caso tenha feito a declaração no ano passado, mas não tenha gerado uma cópia do arquivo, é possível fazê-lo desde que tenha o programa IRPF do ano anterior ainda instalado no computador onde foi feita a transmissão da declaração.**
>
> **Para gerar uma cópia da declaração, abra o programa IRPF do ano passado e siga o passo a passo da seção "Criando uma Cópia de Segurança". Após isso, volte ao programa IRPF deste ano e acompanhe pelo capítulo "Importando declaração existente".**

Na tela de Importação da Declaração:

Escolha a opção "Declaração de Ajuste Anual".

Localize o arquivo salvo do IRPF do *ano-exercício* anterior:

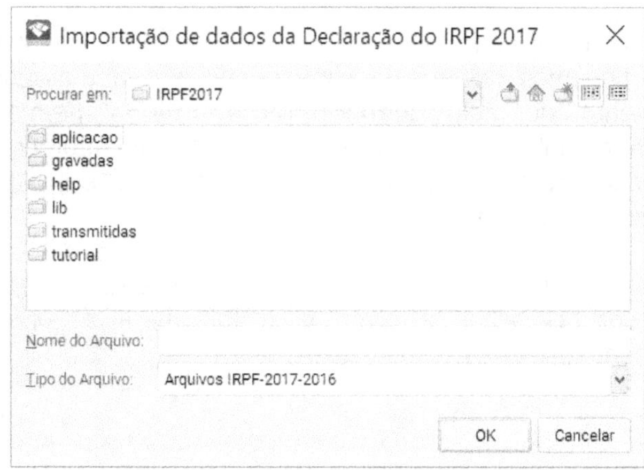

Após selecionar o arquivo, clique em "OK".

Conhecendo o programa IRPF

O programa de Declaração de Imposto de Renda, conhecido como IRPF (Imposto de Renda de Pessoa Física). É o sistema oficial utilizado pelos contribuintes para preenchimento da declaração do Imposto de Renda, e para envio destes dados para a Receita Federal.

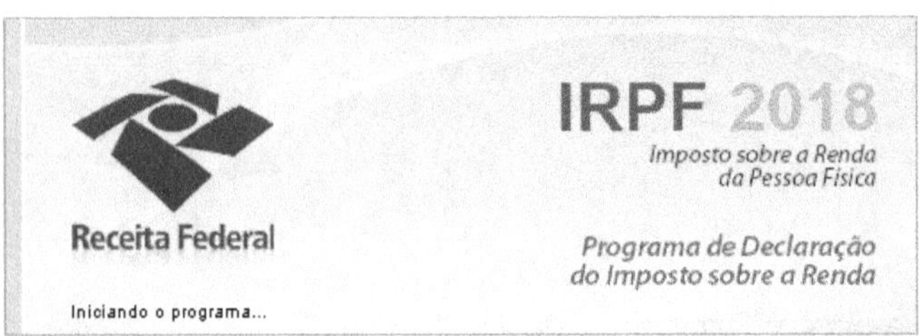

Como explicado anteriormente na Introdução deste livro, o programa é uma evolução ao antigo modo de preenchimento em papel.

O IRPF foi pensado de forma a se assemelhar aos antigos formulários. Se antes tínhamos fichas que correspondiam a um assunto para preenchimento, no meio eletrônico isto ocorre da mesma forma, porém com a vantagem de validações de preenchimento dos campos e possibilidade de correções dos mesmos. Antigamente qualquer erro exigia preencher a folha toda novamente!

Nas páginas a seguir, explicarei mais detalhadamente como funciona a divisão destas fichas e como você fará para se orientar no preenchimento.

Após ter criado ou importado uma declaração (descrito nas seções anteriores), abra a declaração clicando sobre o nome do contribuinte (caso não tenha feito ainda):

A seguir é exibida a tela principal para preenchimento da declaração, a qual é dividida em três áreas:

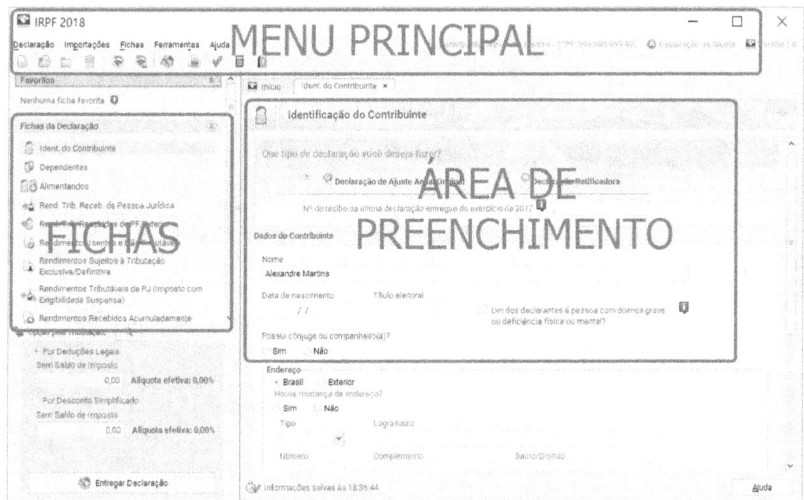

No topo temos o **Menu Principal**, com atalhos para acesso as funcionalidades gerais do programa, como abertura de outras declarações, impressão, gravação de cópia de segurança e ajuda.

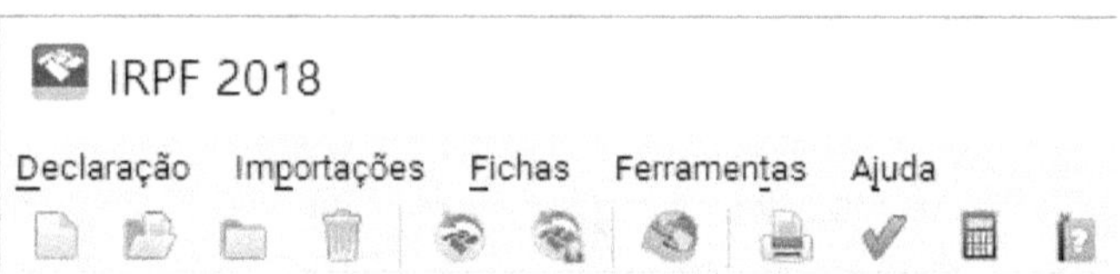

Ao clicar em um menu, serão exibidas as funcionalidades referentes a aquele assunto.

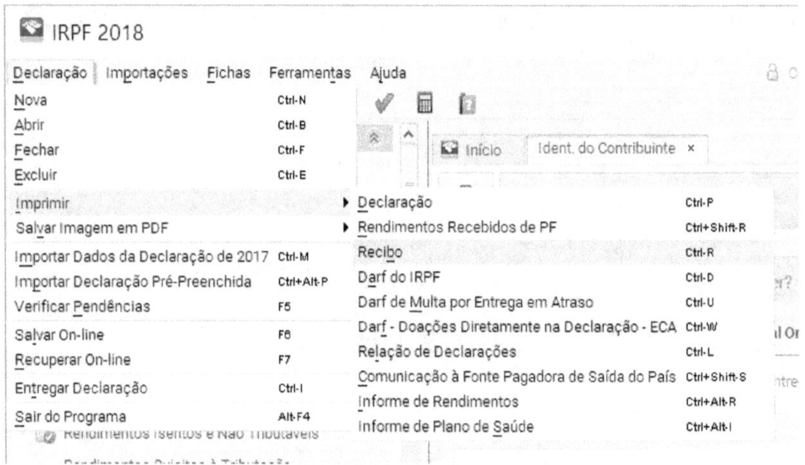

No menu "Declaração", por exemplo, podemos:

- "Abrir" outra declaração.
- Imprimir o "Recibo" da Declaração.
- "Sair do Programa" IRPF.

Já na área esquerda está localizado o menu para acesso ao preenchimento das **Fichas da Declaração**, como por exemplo, a ficha "Ident. do Contribuinte" e "Dependentes":

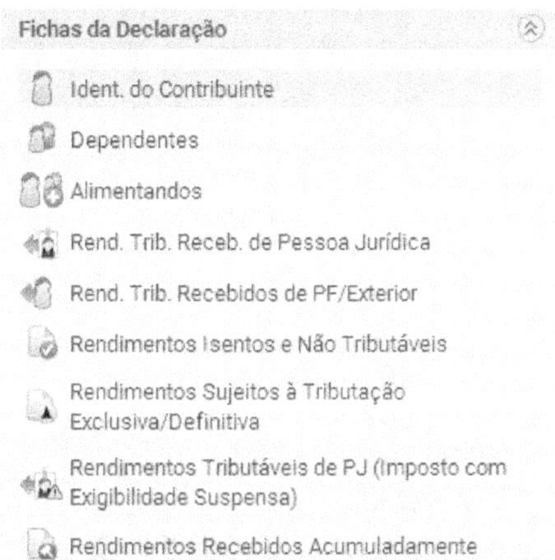

E no lado direito do programa, temos a **Área de Preenchimento** da ficha de declaração. Ela é modificada conforme a ficha que selecionamos no menu do lado esquerdo da tela:

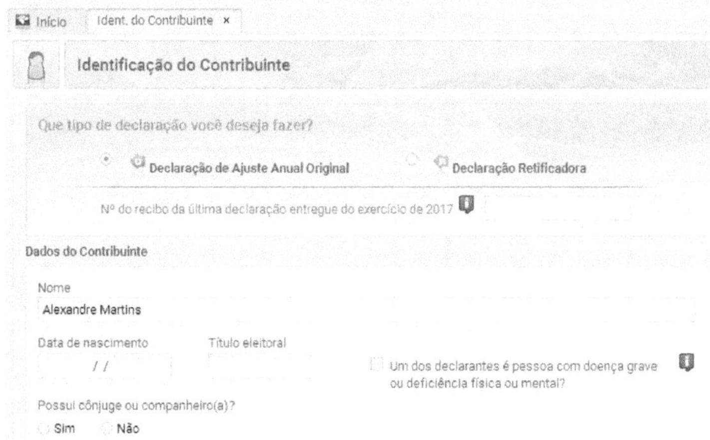

Avisos de preenchimento dos campos da declaração

Quando alguma informação não estiver preenchida corretamente na ficha da declaração, um aviso é exibido ao lado do campo que deve ser corrigido.

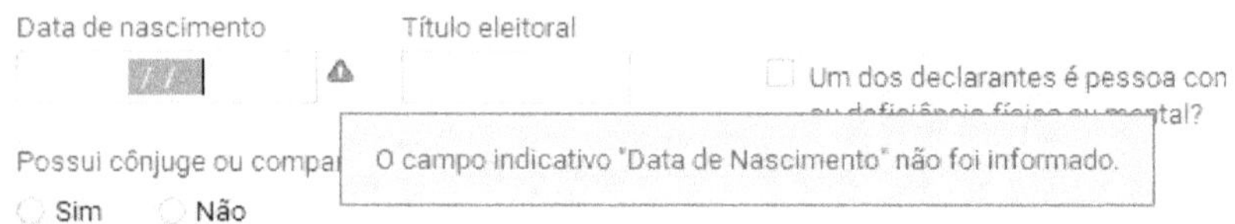

Como salvar a declaração?

As informações preenchidas na área da declaração são automaticamente salvas, não existindo assim um botão Salvar ou uma opção no menu para este fim.

Você pode conferir na área inferior do programa a última vez que as informações foram salvas.

Listagem de registros na ficha de declaração

Na maioria das fichas da declaração, você poderá declarar mais de um registro na respectiva ficha.

As diversas informações neste caso são apresentadas em formato de tabela, onde cada linha representa um registro, e nas colunas são exibidas algumas informações deste registro.

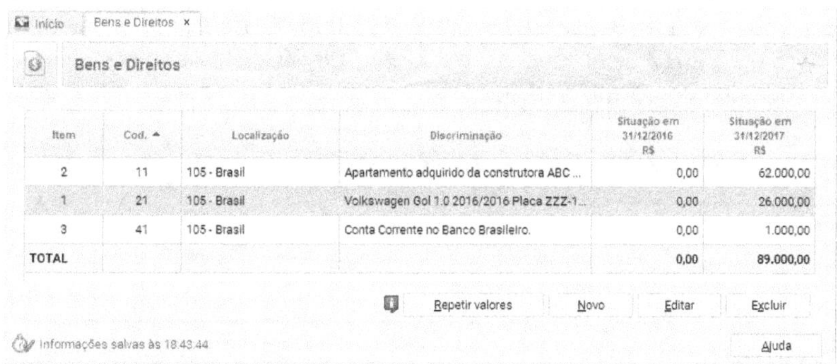

Por exemplo, na tela acima é exibida a ficha de "Bens e Direitos" do contribuinte. Temos na primeira linha declarado um apartamento, na segunda linha em destaque um automóvel e na terceira linha uma conta bancária.

Se você quiser alterar alguma informação do registro declarado ou visualizar as suas informações, selecione o registro (clique na linha correspondente) e clique no botão "Editar".

Caso queira incluir um registro, clique no botão "Novo".

E se for remover, selecione o registro e clique em "Excluir".

Valores monetários nas fichas de declaração

Em várias fichas da declaração, você observará dois campos para preenchimento de valor monetário. Eles aparecem com o texto "Situação em 31/12/XXXX", onde XXXX representa um ano.

Entenda que isto significa que deve ser preenchido o valor correspondente ao item naquela data.

Por exemplo, se você está declarando no IRPF2018 uma conta corrente que em 31/12/2016 tinha R$1.000,00 depositados nela, e em 31/12/2017 passou a ter R$1.500,00. Os campos serão preenchidos conforme a seguir:

Situação em 31/12/2016 (R$): 1.000,00
Situação em 31/12/2017 (R$): 1.500,00

Situação em 31/12/2016 (R$)	Situação em 31/12/2017 (R$)		
1.000,00	1.500,00	Repetir	Repete em 31/12/2017 o valor em reais de 31/12/2016

No ano seguinte no IRPF2019, suponha que a conta diminui de valor e passou a ter R$1.300,00:

Situação em 31/12/2017 (R$): 1.500,00
Situação em 31/12/2018 (R$): 1.300,00

Situação em 31/12/2017 (R$)	Situação em 31/12/2018 (R$)		
1.500,00	1.300,00	Repetir	Repete em 31/12/2018 o valor em reais de 31/12/2017

O IRPF2019 refere-se ao *ano-exercício* 2019, e *ano-base* 2018. Por isso no exemplo acima, o período compreende até data de 31/12/2018, que é o último dia do *ano-base* 2018.

Dúvidas sobre o preenchimento da ficha da declaração

Quando houver dúvida sobre o preenchimento de uma ficha específica, aperte a tecla "F1" do seu teclado (localizado no lado superior esquerdo do teclado), ou clique no botão "Ajuda", localizado na parte inferior direita do programa da receita.

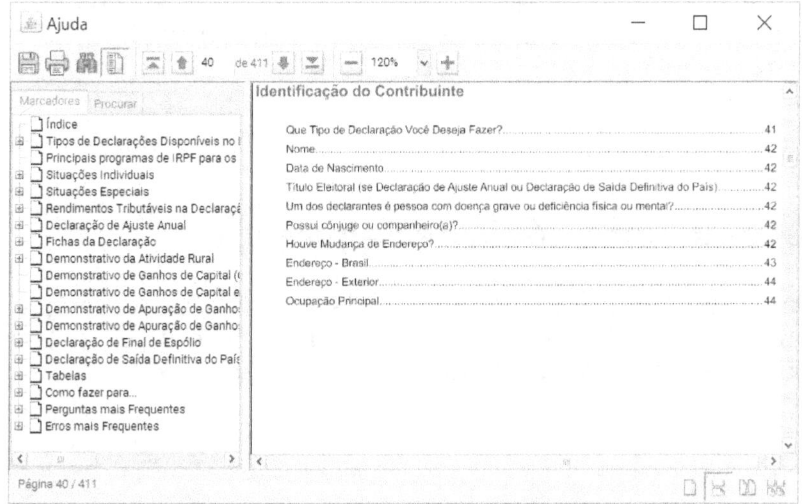

Cópia de Segurança

A Cópia de Segurança é um arquivo que contém uma cópia dos dados preenchidos no IRPF. A geração deste arquivo é recomendada para evitar a perda das informações caso tenha algum problema com o seu computador.

Utilize está opção também caso queria instalar o programa do IRPF em outro computador e queria transportar as informações para o outro dispositivo.

Criando uma Cópia de Segurança

Para criar uma Cópia de Segurança dos dados da sua declaração, acesse a opção "Ferramentas" no menu superior, e depois o item "Cópia de Segurança", e selecione a opção "Gravar".

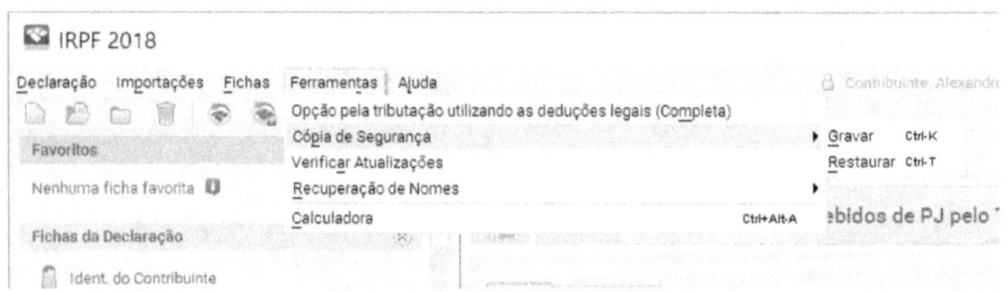

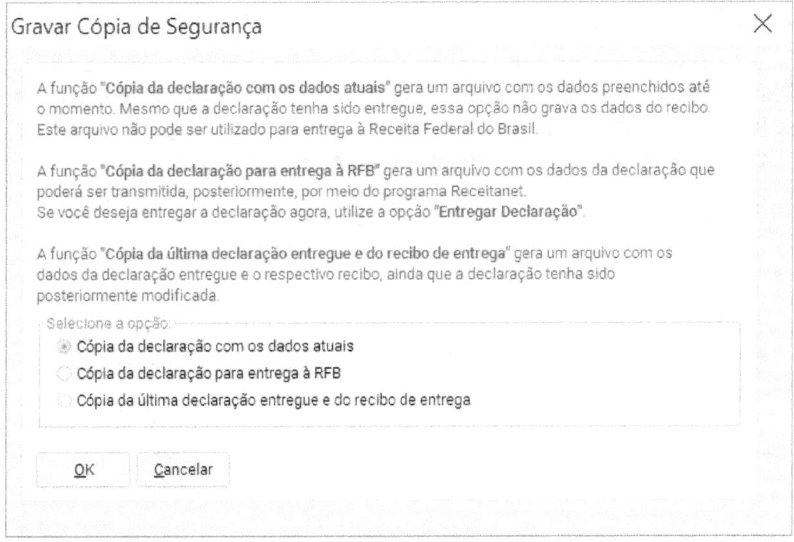

Há três opções para gravação da Cópia de Segurança:

Cópia da declaração com os dados atuais
Esta opção gerará uma cópia da declaração com todos os campos que foram preenchidos até o momento.

Cópia da declaração para entrega à RFB
Caso já tenha preenchido toda a declaração e vá somente transmitir em outro computador com o programa Receita Net, utilize esta opção.

Cópia da última declaração entregue e do recibo de entrega
Conforme o descrito, gravará a declaração e os dados do recebido de entrega, caso a declaração já tenha sido transmitida.

Após selecionar a opção de gravação, indique para quais contribuintes deseja fazer a "Cópia de Segurança" das declarações.

Clique no nome do contribuinte para selecioná-lo. Se quiser selecionar mais de uma pessoa, aperte e segure a tecla "Ctrl" do seu teclado, enquanto clicar nos nomes.

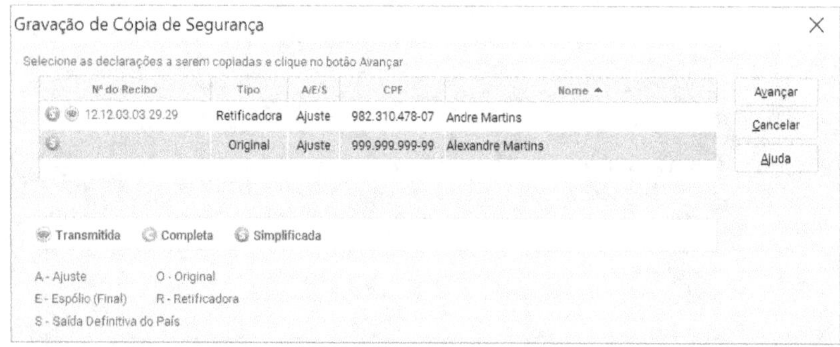

Clique em "Avançar".

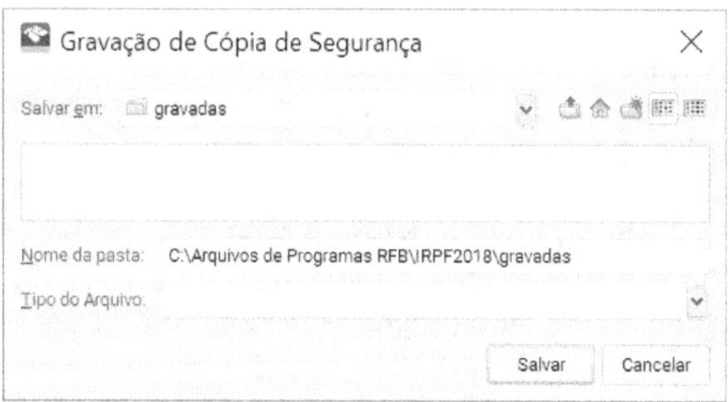

Agora indique o local para armazenar a "Cópia de Segurança", e clique em "Salvar".

É interessante salvar a cópia em outro dispositivo, como um pendrive. Pois se ocorrer algum problema com o seu computador, você ainda terá uma cópia das informações.

Restaurando uma Cópia de Segurança

Para restaurar (recuperar) uma "Cópia de Segurança", acesse a opção "Ferramentas" no menu superior.

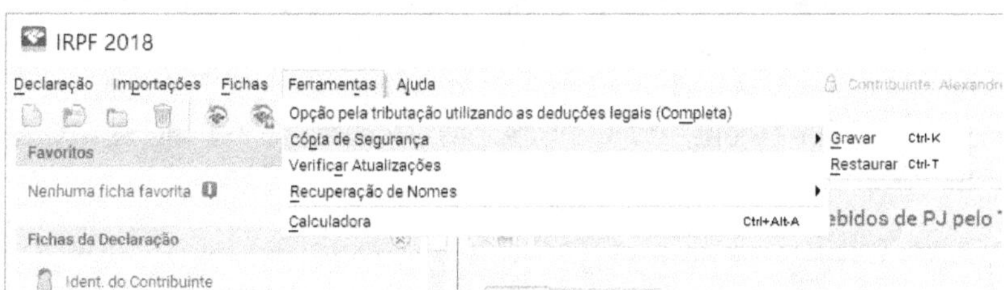

Depois acesse o item "Cópia de Segurança", e clique em "Restaurar".

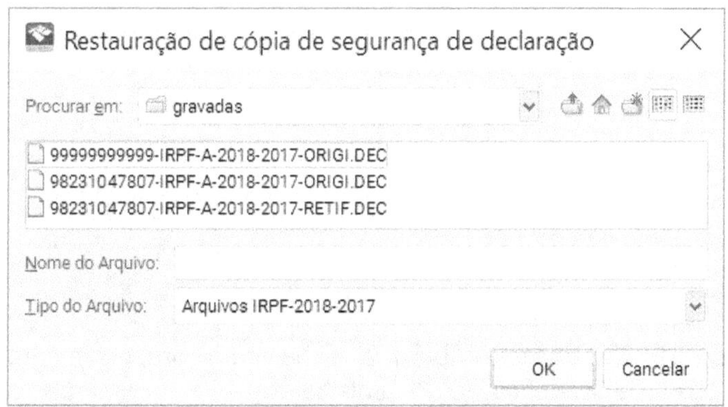

Localize o arquivo salvo e clique no botão "Ok".

> **O nome do arquivo é composto pelo número do CPF do contribuinte, o *ano-exercício, o ano-base* e o tipo de declaração:**
> - **ORIGI – Cópia da primeira declaração entregue**
> - **RETIF – Cópia da declaração retificada**

Identificação do Contribuinte

Vamos começar o preenchimento da declaração com as informações na ficha de Identificação do Contribuinte. Com estes dados será possível a Receita Federal identificá-lo na declaração, além de fornecê-la o seu endereço para correspondência.

Acesse a ficha "Ident. do Contribuinte", localizado no menu lateral esquerdo.

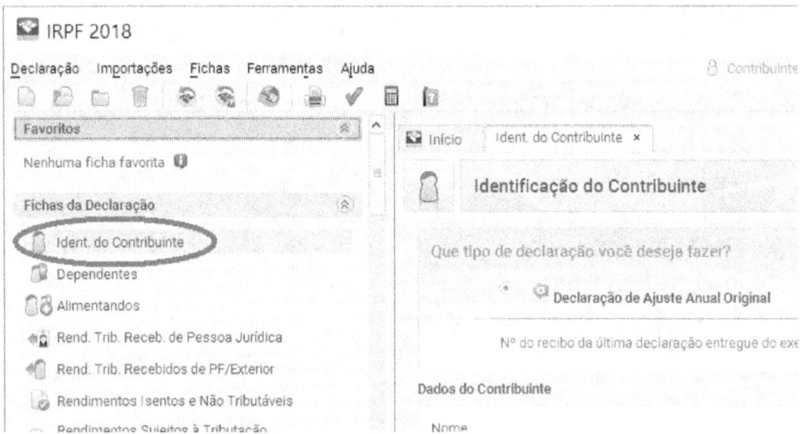

No lado direito da tela abrirá a ficha para preenchimento das informações de Identificação do Contribuinte.

Se você importou a declaração do ano anterior, os campos na ficha "Identificação do Contribuinte" já estarão preenchidos, bastando revisá-los.

Agora caso esta seja uma nova declaração, você terá de informar todos os campos solicitados, conforme explico a seguir.

Tipo de Declaração

A primeira parte do formulário é onde informamos o tipo da declaração, que pode ser "Declaração de Ajuste Anual Original" ou "Declaração Retificadora".

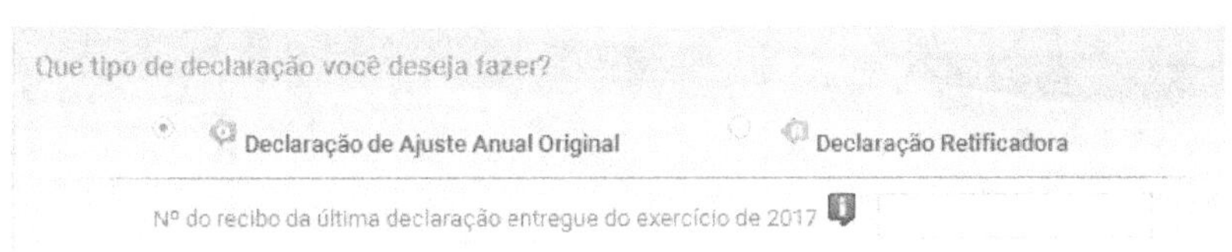

A "Declaração Retificadora" é utilizada quando já enviamos a Declaração do ano e queremos corrigir alguma informação. Logo se você ainda não enviou a declaração ela será sempre "Original".

Caso você, um amigo, ou contador tenha declarado o seu imposto de renda do ano anterior, precisará informar o número do recibo do ano anterior neste campo. Poderá encontrar o número na segunda página do recibo:

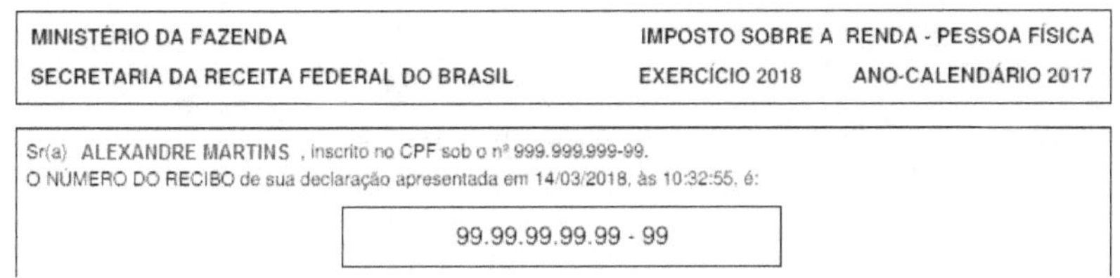

MINISTÉRIO DA FAZENDA	IMPOSTO SOBRE A RENDA - PESSOA FÍSICA
SECRETARIA DA RECEITA FEDERAL DO BRASIL	EXERCÍCIO 2018 ANO-CALENDÁRIO 2017

Sr(a) ALEXANDRE MARTINS , inscrito no CPF sob o nº 999.999.999-99.
O NÚMERO DO RECIBO de sua declaração apresentada em 14/03/2018, às 10:32:55, é:

99.99.99.99.99 - 99

Para obter o número do recibo no IRPF do ano anterior, acesse o programa antigo e siga o capítulo "Impressão do Recibo" neste livro.

Dados do Contribuinte

Na área seguinte do formulário, preencheremos os Dados do Contribuinte com "Nome", "Data de nascimento" e "Título eleitoral"

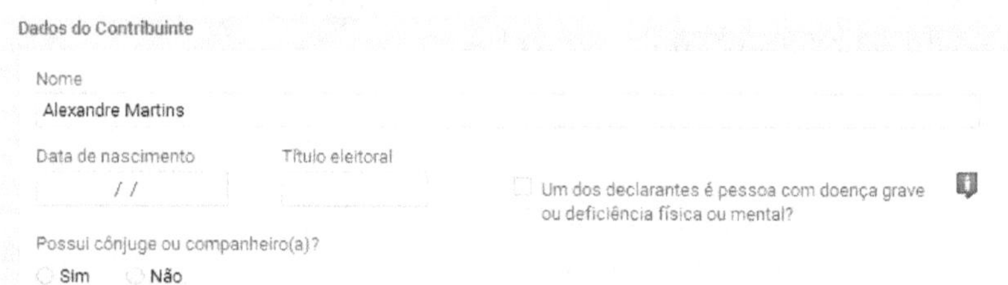

Utilize a opção "Um dos declarantes é pessoa com doença grave ou deficiência física ou mental?" caso o contribuinte se enquadre nesta situação, assim obterá prioridade na restituição do IRPF.

A opção "Possui cônjuge ou companheiro(a)?" indica se o contribuinte possui esposo(a) ou mora junto com outro companheiro(a), informando assim o número do CPF do parceiro(a).

Endereço

Preencha todos os campos referentes ao endereço atual do contribuinte e dados para contato, como celular e e-mail.

Ocupação Principal

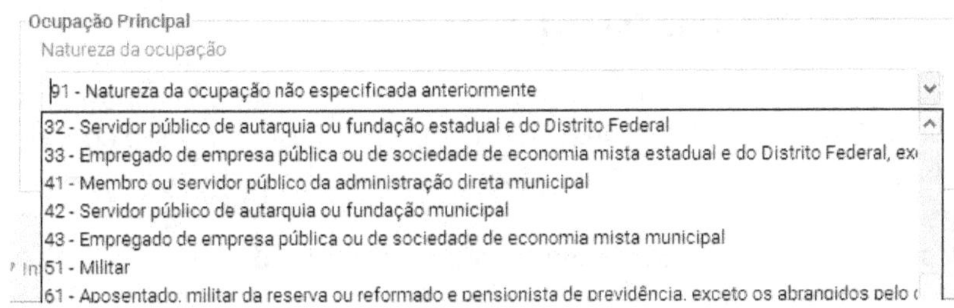

Primeiro informe o tipo de ocupação. Abaixo um exemplo de preenchimento com os tipos mais comuns:

- 01 – Empregado de empresa do setor privado, exceto de instituições financeiras
- 02 – Empregado de instituições financeiras públicas e privadas
- 11 – Profissional liberal ou autônomo sem vínculo de emprego
- 61 – Aposentado e pensionista da previdência
- 62 – Aposentado e pensionista da previdência portador de moléstia grave

Em seguida informe a natureza da ocupação.

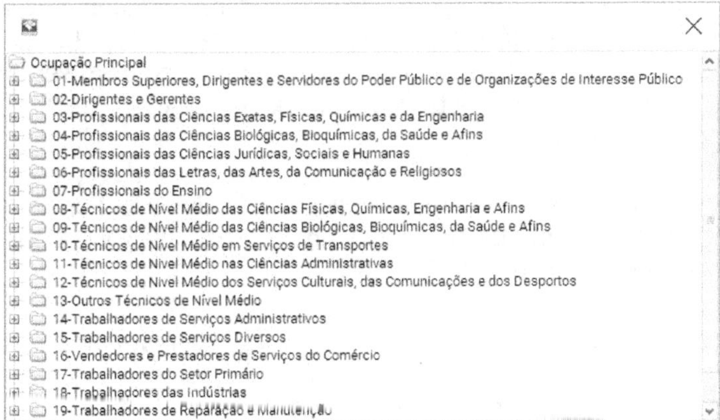

Decidindo entre a Declaração Completa ou Simplificada

Sobre os rendimentos do contribuinte a receita calcula o imposto de renda. Deste cálculo podem ser deduzidos gastos com plano de saúde, educação, dependente, etc.

Ocorre que alguns rendimentos têm o imposto retido na fonte, como por exemplo, o salário de um trabalhador registrado. Logo no IRPF que é a declaração anual, pode haver ajustes nos valores, o que levará a restituição de valores já pagos, ou uma diferença a pagar se houverem outros rendimentos que não foram tributados.

No IRPF a receita disponibiliza para o contribuinte a opção de escolha da forma utilizada neste cálculo, que poderá ser:

- **Por Deduções Legais (Modelo Completo)**
  Onde o contribuinte deduzirá todas as despesas que puder comprovar.
- **Por Desconto Simplificado (Modelo Simplificado)**
  Onde são deduzidos 20% sobre os rendimentos tributáveis, limitado ao valor de R$16.754,34 (valor em 2018)

Em resumo, se as suas despesas dedutíveis forem maiores que 20% dos rendimentos tributáveis, limitado ao valor de R$16.754,34 (valor atualizado para IRPF 2018), a opção pelo Modelo Completo será mais vantajosa, caso contrário optar pelo Modelo Simplificado lhe trará um melhor retorno financeiro.

A ideia parece simples, mas difícil de calcular? Por isso o preenchimento correto da declaração no programa IPRF lhe ajudará a escolher o melhor modelo de tributação.

Durante o preenchimento da declaração, você observará uma área no canto inferior esquerdo do programa IRPF. Ali é apresentado o cálculo automático da melhor opção de tributação.

Imposto a Restituir

Quando o cálculo indicar que haverá restituição de imposto, ou seja, que você receberá de volta parte dos valores pagos, a área de "Opção pela Tributação" se assemelhará a imagem abaixo:

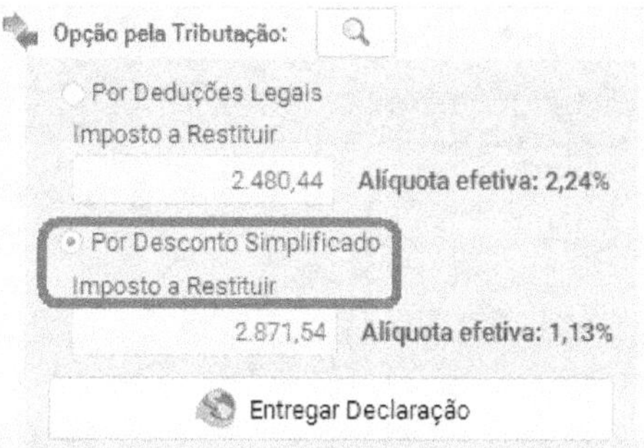

Observe que o texto indicado é "Imposto a Restituir". Neste caso, é mais vantajoso você optar pela opção que tiver o maior valor, no exemplo da imagem é a opção "Por Desconto Simplificado".

Imposto a Pagar

Agora se o cálculo do IRPF indicar o pagamento do imposto, a seção "Opção pela Tributação" indicará o texto "Imposto a Pagar", conforme a imagem abaixo:

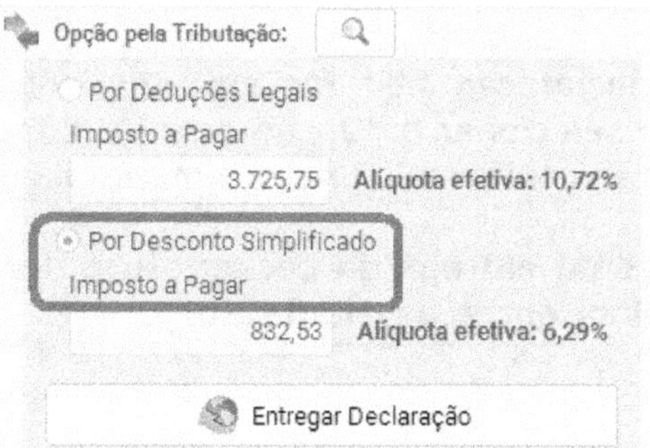

Sendo um imposto a pagar, a opção mais vantajosa é a de menor valor. No exemplo da imagem acima é a opção "Por Desconto Simplificado".

Imposto a pagar ou a Restituir

Poderão ser apresentados também as duas situações, ou seja, "Imposto a Pagar" e "Imposto a Restituir".

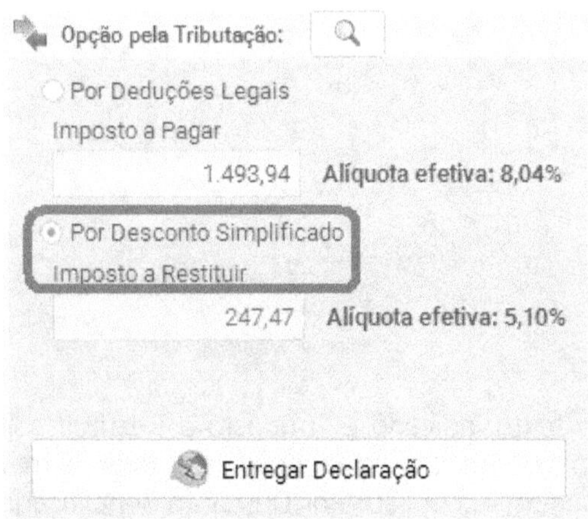

No exemplo acima, isto ocorreu devido a "Declaração Completa" constar mais rendimentos do que pagamentos dedutíveis. Assim sendo, a melhor opção é a "Por Desconto Simplificado" onde você receberá parte do imposto pago.

Enquanto a declaração não for entregue, não precisa se preocupar em selecionar a "Opção pela Tributação", pois os valores mudarão conforme o preenchimento da declaração.

Somente antes da entrega da declaração é necessário você escolher a melhor opção de tributação.

Conta Corrente e Poupança

No Informe de Rendimentos Financeiros fornecido pelo banco onde você possua conta, constarão os valores a serem declarados no IRPF.

Exemplo de Informe de Rendimento Financeiro:

Banco Brasileiro - Informe de Rendimentos Financeiros - Pessoa Física
Ano Calendario 2017 - Imposto de Renda

```
Identificação da Fonte Pagadora        CNPJ
Banco Brasileiro                       55.555.555/5555-55
-------------------------------------------------------------------
Pessoa Física Beneficiária dos Rendimentos
Nome                 CPF
ALEXANDRE MARTINS    999.999.999-99
-------------------------------------------------------------------
01. Rendimentos Isentos - Valores em Reais
01.01. Caderneta de Poupança
Agência  Conta  Saldo em 31/12/2016  Saldo em 31/12/2017  Rendimentos
1234-2   123-4              1169,42              3472,65        124,93


-------------------------------------------------------------------
02. Conta Corrente e VGBL - Valores em Reais
02.01. Depósito a vista Conta Especial
Agência  Conta  Saldo em 31/12/2016  Saldo em 31/12/2017
1234-2   123-4              5239,47              2348,58
```

Confirme que o *ano-base/calendário* que está no informe corresponde ao ano a ser declarado.

Lembrando que o programa IRPF2018, é utilizado para declarar o *ano-exercício* 2018, *ano-base/calendário* 2017.

Para declarar a conta bancária constante no informe recebido do banco, acesse no menu lateral esquerdo a ficha "Bens e Direitos".

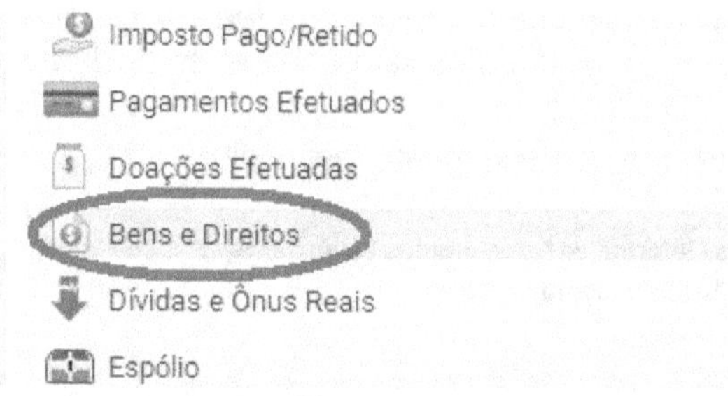

Se for a primeira vez que você vai declarar a conta, clique no botão "Novo".

Já se esta conta era declarada no IRPF de anos anteriores, clique no registro correspondente a sua conta bancária e clique em "Editar".

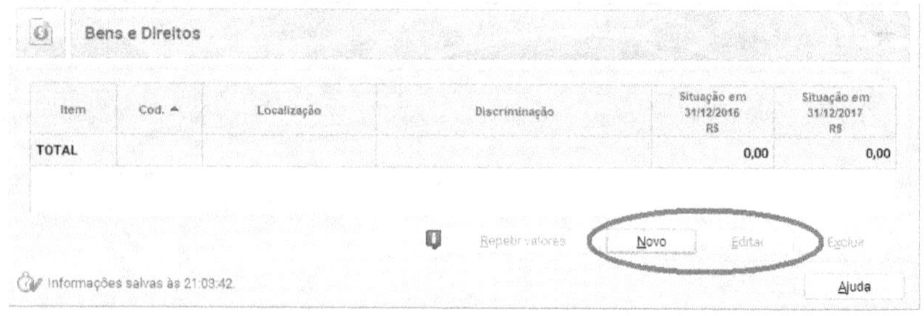

Crie um registro para cada conta corrente ou poupança que possua. Mesmo que seja no mesmo banco.

Para Conta Corrente, selecione o código "61 – Depósito bancário em conta corrente no País."

Em caso de Conta Poupança, selecione o código "41 - Caderneta de poupança."

Informe o CNPJ do Banco (que consta no informe recebido) no campo "1 - Identificação da Fonte Pagadora" e detalhe a conta no campo "Discriminação".

Especifique o número da Agência e da Conta, e informe nos campos "Situação em 31/12/XXXX" os valores correspondente aos discriminados em "Saldo em 31/12/XXXX" que estão no informe.

Clique em "Ok" para voltar à tela de listagem de "Bens e Direitos".

Rendimento da Conta Poupança

Além de declarar a Conta Poupança na ficha de "Bens e Direitos" é necessário declarar o rendimento gerado neste tipo de conta.

Para declarar o rendimento da Conta Poupança, acesse no menu lateral esquerdo a ficha "Rendimentos Isentos e Não Tributáveis".

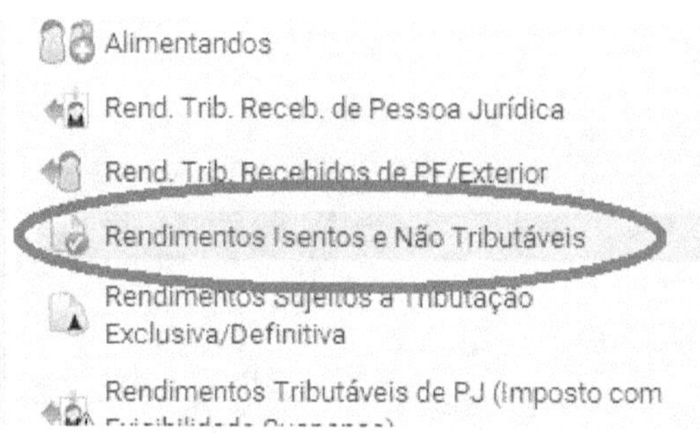

Clique no botão "Novo" para informar um novo rendimento de uma conta poupança, ou "Editar" para alterar um já existente.

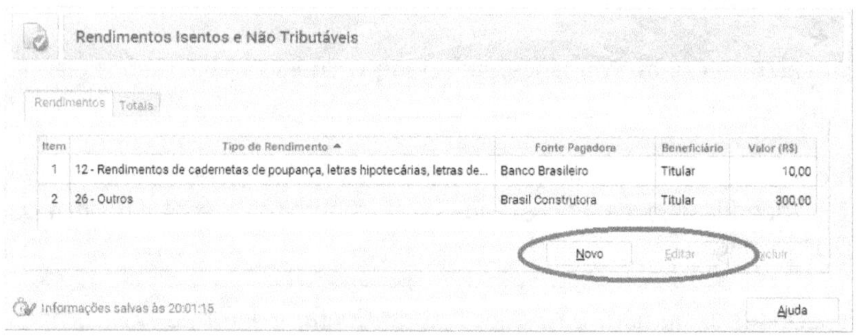

Item	Tipo de Rendimento ▲	Fonte Pagadora	Beneficiário	Valor (R$)
1	12 - Rendimentos de cadernetas de poupança, letras hipotecárias, letras de...	Banco Brasileiro	Titular	10,00
2	26 - Outros	Brasil Construtora	Titular	300,00

Crie um registro para cada Banco que você possua uma Conta Poupança.

Será aberto o cadastro para um novo registro na ficha de "Rendimentos Isentos e Não Tributáveis".

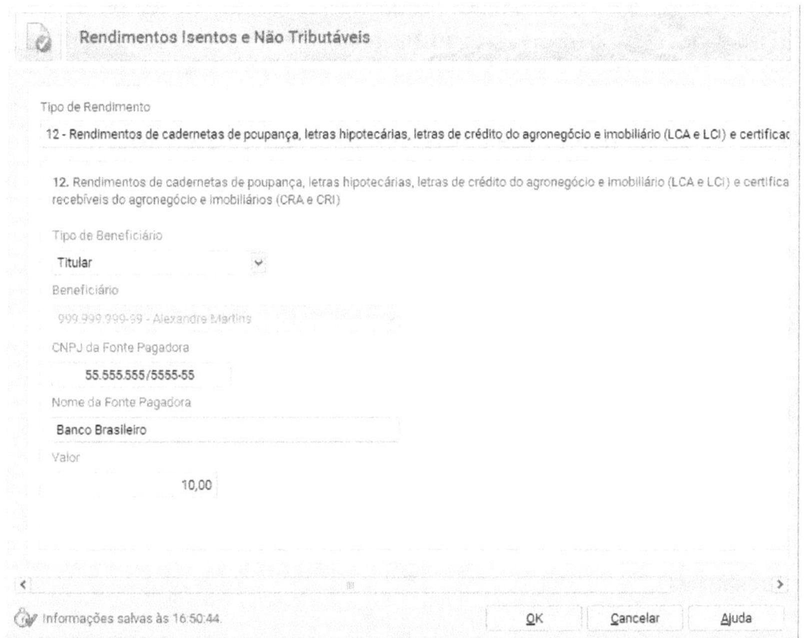

No campo "Tipo de Rendimento" selecione a opção "12 - Rendimentos de cadernetas de poupança, letras hipotecárias, letras de crédito do agronegócio e imobiliário (LCA e LCI) e certificados de recebíveis do agronegócio e imobiliários (CRA e CRI)".

Informe o CNPJ e o nome do banco e o valor descrito na coluna "Rendimentos" da conta poupança no seu informe financeiro.

Empréstimo

Para empréstimos contraídos acima de R$5.000,00 (valores para 2018) é necessário a declaração na ficha "Dívidas e Ônus Reais" no IRPF.

Para preenchimento acesse a ficha no menu lateral esquerdo.

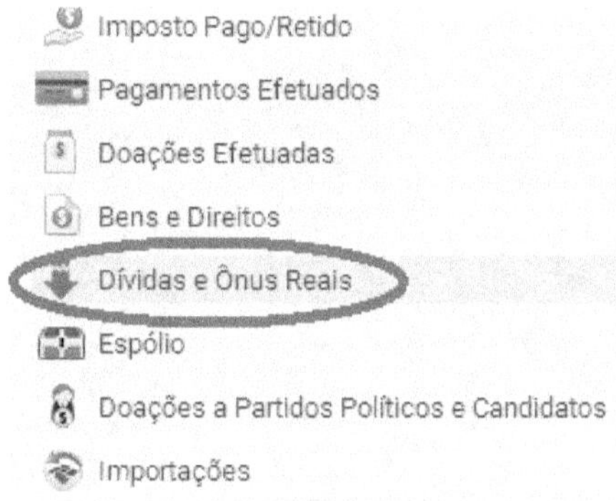

Clique no botão "Novo" para informar um empréstimo contraído no ano passado.

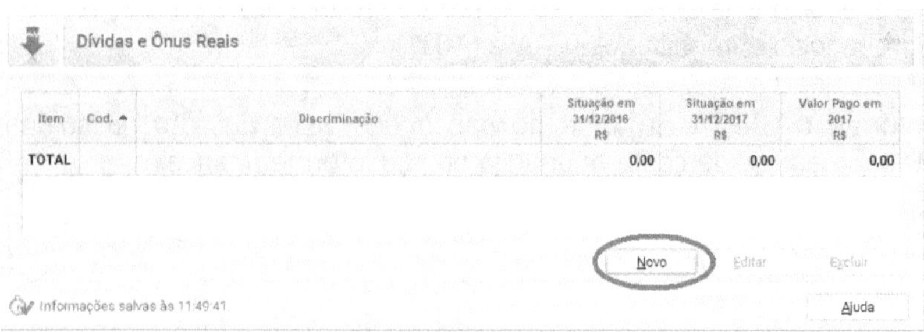

Na tela de preenchimento escolha o código correspondente ao local onde você obteve o empréstimo. Abaixo segue uma lista com uma breve descrição dos códigos mais usuais:

- **"11 – Estabelecimento bancário comercial"**
Crédito obtido junto a uma instituição bancária.

- **"12 – Sociedades de crédito, financiamento e investimento"**
Empréstimos com cooperativas de crédito

- **"13 – Outras pessoas jurídicas"**
Para empréstimos contraídos com empresas que não são nem bancos nem sociedades de créditos

- **"14 – Pessoas físicas"**
Valores emprestados entre amigos ou familiares por exemplo.

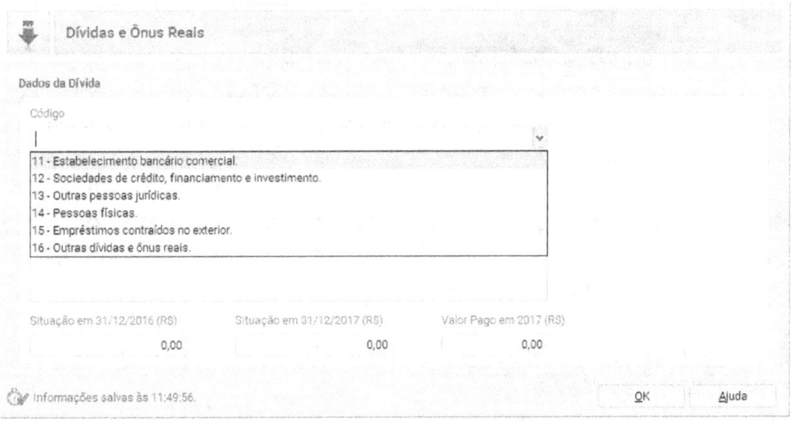

Ao final do preenchimento clique no botão "Ok" para voltar para a listagem da ficha de "Dívidas e Ônus Reais".

Agora informe no campo "Discriminação" os detalhes do seu empréstimo, como o valor recebido, a forma de pagamento e os dados de quem te emprestou o dinheiro.

Se você adquiriu o empréstimo no ano passado, ou seja, no *ano-base* deixei o primeiro campo "Situação em 31/12/XXXX" com o valor 0,00, pois isto representa que naquela data você não tinha contraído o empréstimo ainda.

Se o empréstimo ocorreu anteriormente ao *ano-base*, então o primeiro campo "Situação em 31/12/XXXX" deverá ser preenchido com o valor da dívida naquela data.

Já o segundo campo "Situação em 31/12/XXXX" deve ser preenchido com o valor restante da dívida.

E no campo "Valor Pago em 2017" preencha com o valor pago das parcelas até o final do *ano-base*.

Exemplo de preenchimento:

Em janeiro de 2017 você tomou um empréstimo de R$10.000,00, e parcelou em 15 vezes de R$1.000,00, o que totaliza R$15.000,00 em dívida.

Na declaração do IRPF2018 foi preenchido:

Discriminação: "Empréstimo junto ao Banco Brasileiro CNPJ 55.555.555.5555/55, no valor de R$10.000,00 para compra de eletrodomésticos. Parcelado em 15 vezes de R$1.000,00".

Situação em 31/12/2016 (R$): é preenchido com o valor 0,00, pois o empréstimo ocorreu somente em 2017.

Situação em 31/12/2017 (R$): é preenchido com 3.000,00, que corresponde ao valor restante da dívida, pois foram pagos em 2017 12 parcelas de R$1.000,00 totalizando R$12.000,00, sobrando assim R$3.000,00 da dívida de R$15.000,00.

Valor Pago em 2017 (R$): preencher com 12.000,00, que corresponde às parcelas pagas de janeiro a dezembro de 2017.

Na declaração do IRPF2019 será preenchido:

Discriminação: manter a descrição do ano anterior.

Situação em 31/12/2017 (R$): será preenchido com o valor 3.000,00 que corresponde ao restante da dívida.

Situação em 31/12/2018 (R$): preencher com 0,00, pois no final de 2018 a dívida já está quitada.

Valor Pago em 2018 (R$): preencher com 3.000,00 que corresponde às parcelas pagas em 2018.

Veículo

Todos os veículos que o contribuinte possuir devem ser declarados, independente do valor do bem. Nos capítulos a seguir será abordada a forma de declaração do veículo e como informar a compra e venda.

Compra de veículo

Para declarar um veículo próprio já quitado ou mesmo financiado, adquirido no ano passado, clique na ficha "Bens e Direitos" no menu do lado esquerdo.

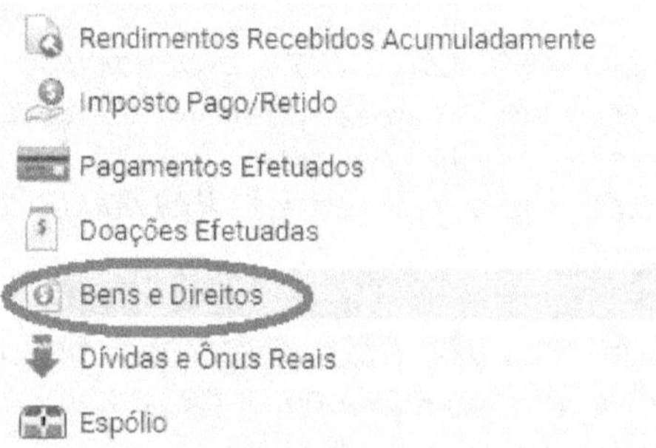

E na ficha de declaração, do lado direito da tela, selecione o botão "Novo".

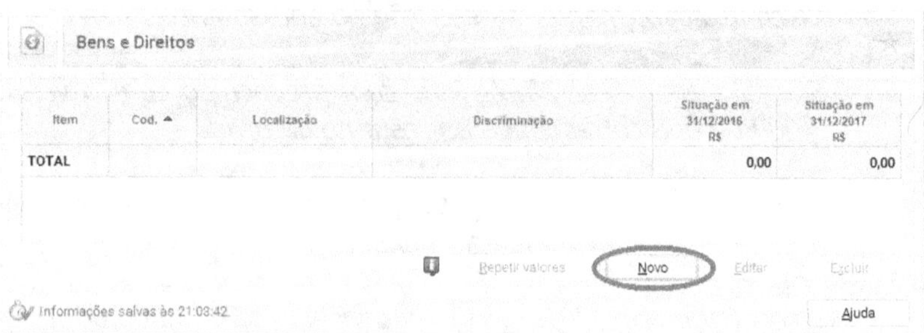

Na tela que se abre preencha os dados do veículo e o valor.

No campo Código, escolha a opção "21 – Veículo terrestre: caminhão, automóvel, moto, etc.".

Preencha o Renavam do veículo, e no campo "Discriminação" especifique os dados do veículo, a forma que ocorreu o pagamento e as informações do vendedor/comprador, como Nome e CPF ou CNPJ.

Os campos "Situação em 31/12/XXXX" representam o valor do veículo naquela data. Por exemplo:

No IRPF2018, tendo um veículo adquirido após a data de 31/12/2016 o campo "Situação em 31/12/2016" será preenchido com 0,00, o que representa uma nova compra. Já o campo "Situação em 31/12/2017" será preenchido com o valor pago até aquela data, sendo o valor total caso pago à vista, ou a entrada mais as parcelas no caso de pagamento a prazo.

Compra de veículo pago à vista

Preencha com "0,00" o primeiro campo "Situação em 31/12/XXXX". Já o segundo campo "Situação em 31/12/XXXX" deverá constar o valor de aquisição do veículo.

Exemplo:

Discriminação: "Volkswagen Gol 1.0 2016/2017 Placa ZZZ-1234 Adquirido de João Martins CPF 123.456.789-00 pelo valor de R$40.000,00 pagos à vista."

Situação em 31/12/2016 (R$): 0,00
Situação em 31/12/2017 (R$): 40.000,00

Compra de veículo através de financiamento

Para veículos financiados, o primeiro campo "Situação em 31/12/XXXX" será preenchido com 0,00 também, pois foi uma nova compra, e o segundo campo de "Situação em 31/12/XXXX" deve ser preenchido com o valor pago da entrada mais as parcelas até o final do ano.

Exemplo:

Discriminação: "Volkswagen Gol 1.0 2016/2017 Placa ZZZ-1234 Adquirido na Concessionária Nova Volkswagen CNPJ 01.123.123/0001-00, pelo valor de R$40.000,00, sendo R$20.000,00 pagos à vista e o restante divido em parcelas de R$500,00 financiados no Banco Brasileiro CNPJ 55.555.555/5555-55 sob o contrato número 123456.
No ano de 2017 foram pagos R$6.000,00 referente às parcelas além dos R$20.000,00 da entrada."

Situação em 31/12/2016 (R$): 0,00
Situação em 31/12/2017 (R$): 26.000,00

Veículo já declarado no ano anterior

Tendo declarado o seu veículo no IRPF do ano anterior, quando feito o procedimento de importação da declaração, o veículo virá com os dados preenchidos, assim precisará apenas modificar o descritivo e os valores caso haja alterações.

Acesse a ficha "Bens e Direitos" no menu do lado esquerdo. E na listagem será exibido o veículo declarado anteriormente.

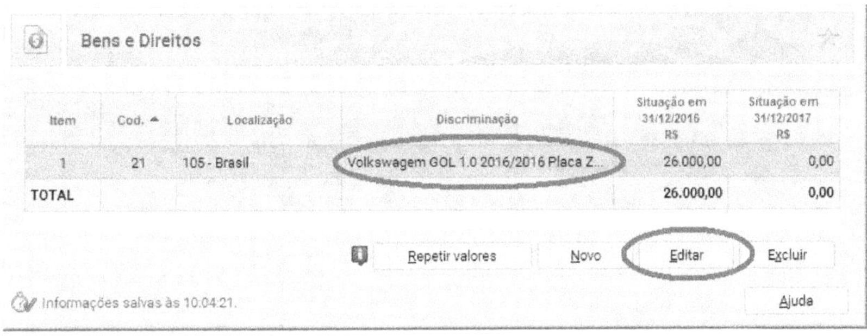

Clique na linha correspondente ao veículo a ser atualizado e clique no botão Editar (dois cliques na linha também abrem o registro para atualização).

Veículo financiado e já declarado anteriormente

Na tela de edição do veículo selecionado, os campos já estarão preenchidos com as informações do ano anterior:

Para veículos financiados é necessário atualizar o campo "Discriminação" com os valores pagos no último ano.

Já o primeiro campo de "Situação em 31/12/XXXX" estará preenchido com o valor declarado no *ano-base* anterior, e assim deve permanecer. No segundo campo de "Situação em 31/12/XXXX" informe o valor do *ano-base* anterior acrescido dos valores de parcelas pagas no *ano-base* corrente.

Quando acabar o pagamento do financiamento, e não houver mais parcelas pagas no *ano-base* declarado, os valores informados nos dois campos "Situação em 31/12/XXXX" serão sempre iguais, conforme procedimento para veículos pagos à vista.

Exemplo:

Discriminação: "Volkswagen Gol 1.0 2016/2016 Placa ZZZ-1234 Adquirido na Concessionária Nova Volkswagen CNPJ 01.123.123/0001-00, pelo valor de R$40.000,00, sendo R$20.000,00 pagos à vista e o restante divido em parcelas de R$500,00 financiados no Banco Brasileiro CNPJ 55.555.555/5555-55 sob o contrato número 123456.
No ano de 2016 foram pagos R$6.000,00 referente às parcelas além dos R$20.000,00 da entrada.
No ano de 2017 foram pagos R$6.000,00 referente às parcelas."

Situação em 31/12/2016 (R$): 26.000,00
Situação em 31/12/2017 (R$): 32.000,00

A valorização ou desvalorização do seu veículo não deve ser informada.

Para veículos financiados acrescente o valor pago no ano anterior conforme os exemplos.

Para veículos quitados o valor declarado passa a ser o mesmo em todos os anos.

Veículo adquirido à vista e já declarado anteriormente

Na tela de edição do veículo, a discriminação permanece inalterada, visto que não houve modificações.

O primeiro campo de "Situação em 31/12/XXXX" estará preenchido com o valor declarado no ano anterior, e assim deve permanecer. No segundo campo de "Situação em 31/12/XXXX" deve constar o mesmo valor do primeiro campo. Para isso clique no botão "Repetir".

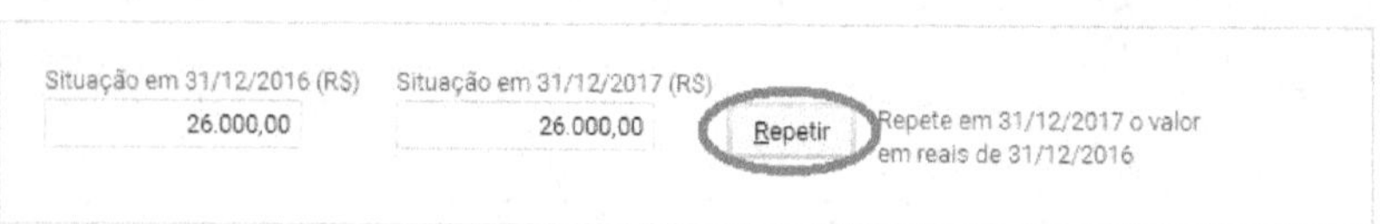

A valorização ou desvalorização do seu veículo não deve ser informada.

Para veículos adquiridos à vista o valor declarado é o mesmo em todos os anos.

Venda de veículo

Quando ocorrer a venda do veículo que era declarado, mantenha o primeiro campo "Situação em 31/12/XXXX" com o último valor declarado do veículo, e o segundo campo "Situação em 31/12/XXXX" com o valor 0,00. E no campo "Discriminação", informe que houve a venda do veículo. No próximo ano, você pode excluir este veículo da declaração.

Exemplo:

Discriminação: "Volkswagen Gol 1.0 2016/2016 Placa ZZZ-1234 vendido para Augusto da Silva CPF 555.555.555-00 pelo valor de R$40.000,00."

Situação em 31/12/2016 (R$): 40.000,00
Situação em 31/12/2017 (R$): 0,00

Se você utilizou o dinheiro da venda para comprar outro veículo, deverá existir dois registro na ficha de "Bens e Direitos". Um registro para informar a venda do primeiro veículo, e outro registro para declarar a compra do novo automóvel. Ou seja, cada registro representa a informação de um veículo.

Lucro na venda do veículo

Se houver lucro entre a compra e venda do veículo, isto precisa ser declarado, apesar de ser difícil de acontecer hoje em dia visto a desvalorização que ocorre normalmente com os veículos.

No caso de venda de veículos por menos de R$35.000,00 no total, o lucro deve ser lançado em um novo registro na ficha "Isentos e Não Tributáveis" e o tipo de rendimento:

> *"05 – Ganho de capital na alienação de bem, direito ou conjunto de bens ou direitos da mesma natureza, alienados em um mesmo mês, de valor total de alienação até R$ 20.000,00, para ações alienadas no mercado de balcão, e R$ 35.000,00, nos demais casos".*

Para veículos vendidos com lucro e com valor total a partir a R$35.000,00 é necessário que até o último dia útil do mês seguinte a venda você tenha calculado e recolhido o imposto sobre o ganho de capital através do programa GCAP.

> **Se você vendeu dois carros de R$20.000,00 em um mesmo mês e teve lucro nas operações, o total considerado é de R$40.000,00. Logo terá de recolher o imposto no GCAP.**

Mais informações sobre o GCAP estão no capítulo "GCAP – Ganhos de Capital" neste livro.

Imóvel

Devem ser declarados todos os imóveis que o contribuinte possuir, independente do valor do bem. Nos capítulos a seguir será abordada a forma de declaração do imóvel e como informar a compra e venda.

Aquisição de imóvel próprio

Siga estas orientações se ano passado você adquiriu um imóvel próprio, já quitado ou mesmo financiado. Imóveis na planta seguem este mesmo procedimento.

Clique na ficha "Bens e Direitos" no menu do lado esquerdo.

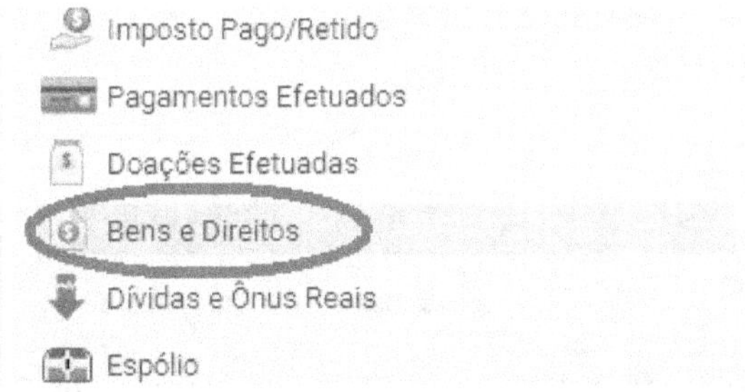

E na área de declaração do lado direito selecione o botão Novo.

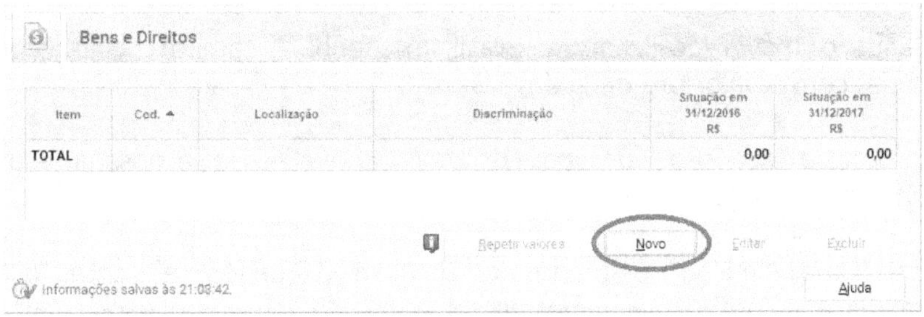

Item	Cod. ▲	Localização	Discriminação	Situação em 31/12/2016 R$	Situação em 31/12/2017 R$
TOTAL				0,00	0,00

Na nova ficha de "Bens e Direitos", deverão ser preenchidos as informações relativas ao imóvel.

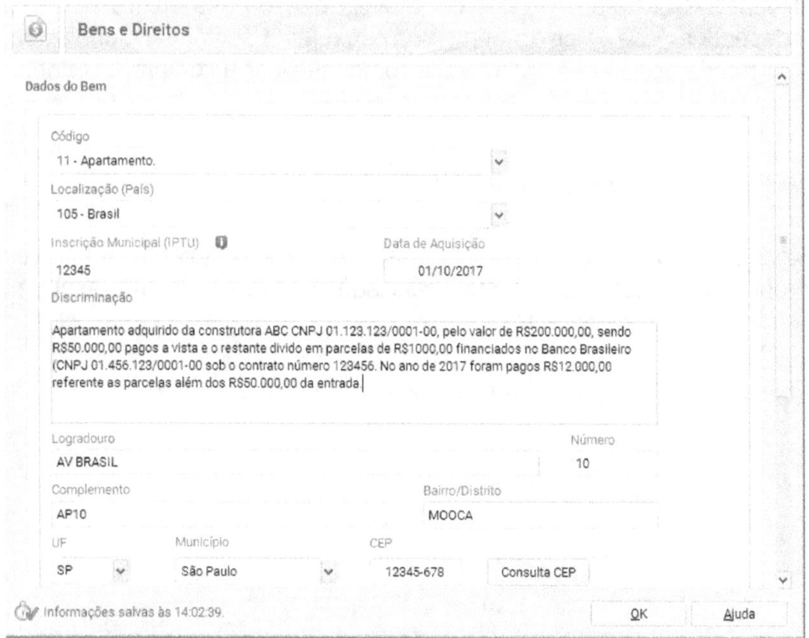

No campo código, selecione o tipo de imóvel, por exemplo:
- 11 – Apartamento
- 12 – Casa

Sendo o imóvel localizado no Brasil, mantenha o campo Localização (País) com o valor pré-definido.

Informe a Inscrição Municipal (IPTU) do imóvel, caso já possua, e a Data de Aquisição.

Em "Discriminação" é importante detalhar os dados referentes ao imóvel e a forma que o mesmo foi adquirido, ou como está sendo pago.

Depois terá de informar os dados do imóvel, como localização (logradouro, número, etc.) e tamanho da propriedade.

Os campos "Situação em 31/12/XXXX" representam o valor pago pelo imóvel naquela data. Por exemplo:

No IRPF2018, declarando um imóvel adquirido após a data de 31/12/2016 o campo "Situação em 31/12/2016" será preenchido com 0,00, o que representará uma nova compra.

Já o campo "Situação em 31/12/2017" será preenchido com o valor pago até aquela data, sendo o valor total caso pago à vista, ou a entrada mais as parcelas pagas no ano-base caso o pagamento seja a prazo.

Exemplos de preenchimento

Compra de imóvel pago à vista

Preencha com "0,00" o primeiro campo "Situação em 31/12/XXXX". Já o segundo campo "Situação em 31/12/XXXX" deverá constar o valor de aquisição do imóvel.

> *Discriminação: "Apartamento adquirido da construtora ABC CNPJ 01.123.123/0001-00, pelo valor pago à vista de R$200.000,00."*
>
> *Situação em 31/12/2016 (R$): 0,00*
> *Situação em 31/12/2017 (R$): 200.000,00*

Compra de imóvel parcelado ou financiado

Para declarar um imóvel adquirido no ano passado, que ainda há parcelas a pagar, o primeiro campo "Situação em 31/12/XXXX" será preenchido com 0,00 também, pois foi uma nova compra, e o segundo campo de "Situação em 31/12/XXXX" deve ser preenchido com o valor da entrada mais as parcelas pagas até o final do ano.

> *Discriminação: "Apartamento adquirido da construtora ABC CNPJ 01.123.123/0001-00, pelo valor de R$200.000,00, sendo R$50.000,00 pagos à vista e o restante dividido em parcelas de R$1.000,00 financiados no Banco Brasileiro CNPJ 01.456.123/0001-00 sob o contrato número 123456.*
> *No ano de 2017 foram pagos R$12.000,00 referente às parcelas além dos R$50.000,00 da entrada."*
>
> *Situação em 31/12/2016 (R$): 0,00*
> *Situação em 31/12/2017 (R$): 62.000,00*

Declaração de imóvel já declarado no ano anterior

Quando você importou a declaração do ano anterior, as informações do imóvel já estarão preenchidas. Neste caso temos que atualizar os valores pagos na declaração corrente.

Acesse no menu lateral esquerdo a ficha "Bens e Direitos", e na listagem do lado direito será exibido o seu imóvel importado do ano anterior.

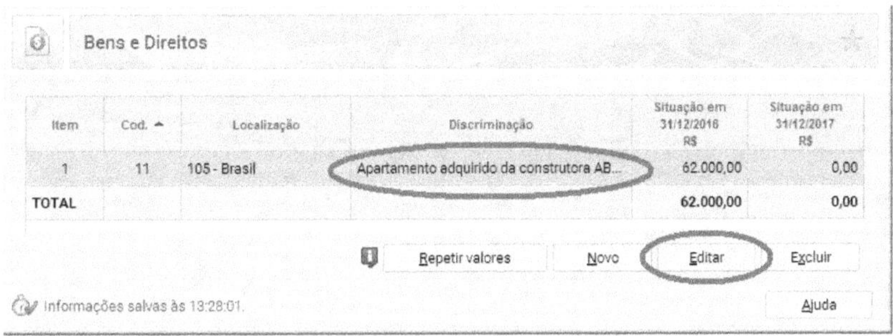

Clique na linha correspondente ao imóvel a ser atualizado e clique no botão Editar (dois cliques na linha também abrem o registro para atualização).

Imóvel financiado já declarado anteriormente

Na tela de edição do imóvel selecionado, os campos já estarão preenchidos com as informações do ano anterior:

Para imóveis financiados é necessário atualizar o campo "Discriminação" com os valores pagos no último ano.

Já o primeiro campo de "Situação em 31/12/XXXX" estará preenchido com o valor declarado no ano anterior e assim deve permanecer. No segundo campo de "Situação em 31/12/XXXX" informe o valor do ano anterior acrescido dos valores de parcelas pagas no *ano-base*.

Quando acabar o pagamento do financiamento, e não houver mais parcelas pagas no *ano-base* declarado, os valores informados nos dois campos "Situação em 31/12/XXXX" serão sempre iguais, conforme procedimento para imóveis pagos à vista.

Exemplo:

Discriminação: "Apartamento adquirido da construtora ABC CNPJ 01.123.123/0001-00, pelo valor de R$200.000,00, sendo R$50.000,00 pagos à vista e o restante divido em parcelas de R$1.000,00 financiados no Banco Brasileiro CNPJ 01.456.123/0001-00 sob o contrato número 123456.
No ano de 2017 foram pagos R$12.000,00 referente às parcelas além dos R$50.000,00 da entrada.
No ano de 2018 foram pagos R$12.000,00 referente às parcelas."

Situação em 31/12/2017 (R$): 62.000,00
Situação em 31/12/2018 (R$): 74.000,00

A valorização ou desvalorização do seu imóvel, não deve ser informada.

Para imóveis financiados, acrescente o valor pago das parcelas no *ano-base*.

Para imóveis quitados o valor declarado passa a ser o mesmo em todos os anos.

Imóvel adquirido à vista já declarado anteriormente

Na tela de edição do imóvel, a discriminação permanece inalterada, visto que não houve modificações.

O primeiro campo de "Situação em 31/12/XXXX" estará preenchido com o valor declarado no ano anterior, e assim deve permanecer. No segundo campo de "Situação em 31/12/XXXX" deve constar o mesmo valor do primeiro campo. Para isso clique no botão "Repetir".

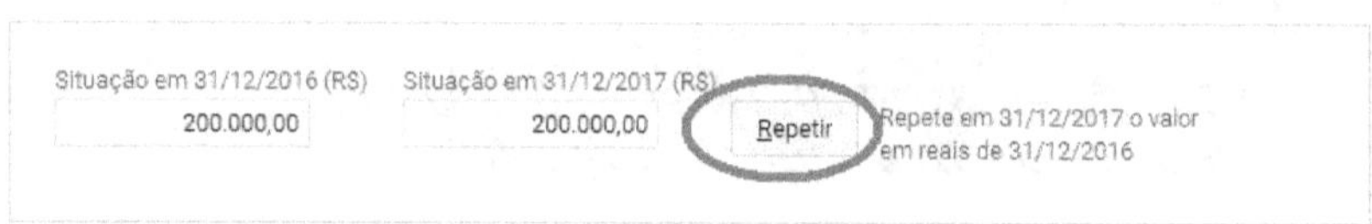

A valorização ou desvalorização do seu imóvel não deve ser informada. Assim sendo, o valor declarado é o mesmo todos os anos para os casos de imóveis já quitados.

Caso tenha feito benfeitorias/melhorias no seu imóvel consulte a próxima seção neste livro.

Declaração de benfeitorias em imóvel

As reformas feitas dentro do *ano-base* no seu imóvel podem ser declaradas no IRPF. A declaração destes valores é interessante, pois quando ocorrer a venda do imóvel as benfeitorias não serão taxadas pelo imposto cobrado no ato da venda.

A forma de preenchimento é diferente conforme o ano em que o imóvel foi adquirido. A seguir abordamos os dois casos:

Imóvel adquirido após 1988

Se o seu imóvel foi adquirido após 1988, os valores das benfeitorias serão somados sempre ao valor do imóvel. Então some o valor da benfeitoria ao valor da "Situação em 31/12/XXXX" na ficha "Bens e Direitos" do bem declarado.

Sempre detalhe no campo "Discriminação" o que contempla a benfeitoria e quem foi o prestador do serviço. Também é necessário guardar todos os comprovantes do gasto efetuado, pois a Receita Federal poderá contestar estes valores.

Imóvel adquirido até 1988

No caso de ter adquirido o imóvel até 1988, o procedimento é diferente. A Receita Federal pede que seja declarado um novo registro em "Bens e Direitos" detalhando esta benfeitoria.

Desta forma, então acesse o menu esquerdo a ficha "Bens e Direitos" e clique no botão "Novo".

Na nova tela exibida, preencha o campo Código com o valor 17 – Benfeitorias, os dados do imóvel e a Discriminação da benfeitoria.

No primeiro campo "Situação em 31/12/XXXX" deixei com o valor 0,00 e informe o valor da benfeitoria no segundo campo "Situação em 31/12/XXXX".

Venda de imóvel

Na venda do imóvel deve ser feita a apuração de lucro na operação. Exceto os casos isentos, é necessário que tenha feito após a venda o recolhimento do imposto no GCAP - Programa de Apuração dos Ganhos de Capital.

> **Para mais informações do GCAP e as situações de isenção, consulte no livro o capítulo "GCAP – Ganhos de Capital".**

Tendo feito o GCAP no ano anterior, precisará ter estas informações no IRPF. Para isso consulte o capítulo "Exportando dados do GCAP para o IRPF".

Depois de feito o procedimento do GCAP, acesse a ficha "Bens e Direitos" do imóvel que foi vendido. Informe no campo "Discriminação" os detalhes da venda, como a forma de pagamento e os dados do comprador.

Já no primeiro campo "Situação em 31/12/XXXX" do bem, permanecerá com o valor declarado no ano anterior. E o segundo campo "Situação em 31/12/XXXX" permanecerá com 0,00, o que indica que você não possui mais o bem em seu nome. No próximo ano, você pode excluir este registro da sua declaração.

Consórcio de imóveis e veículos

O procedimento para declaração dos valores pagos no consórcio de imóveis e veículos difere de quando é adquirido à vista ou financiado, pois o bem desejado pode ainda não estar em seu nome.

A seguir serão abordadas as diferentes situações que pode se encontrar o consórcio do contribuinte, além do procedimento para quando for contemplada e utilizada a carta de crédito.

Consórcio contemplado no mesmo *ano-base* da declaração

Acesse a ficha "Bens e Direitos" e crie um novo registro (clique no botão "Novo").

Selecione o código "95 - Consórcio não contemplado" (apesar de ter sido contemplado, a Receita Federal pede que seja inserido o registro sob este código).

Preencha o CNPJ da administradora do consórcio e em "Discriminação" informe o bem que se deseja adquirir com o consórcio, os dados da administradora e os todos os valores pagos com as parcelas e lances.

Preencha ambos os campos "Situação em 31/12/XXXX" com 0,00.

Agora na ficha de "Bens e Direitos" do veículo ou imóvel adquirido, detalhe que parte do valor pago no bem é de um consórcio. Para isso siga as orientações do item "Quando contemplado e usou a carta de crédito" descrito nas páginas a seguir.

Por outro lado, se você foi contemplado no mesmo ano que começou a pagar o consórcio, mas não utilizou a carta de crédito siga as orientações do item "Quando contemplado e não usou a carta de crédito" descrito nas próximas páginas.

Consórcio não contemplado

Na ficha *"Bens e Direitos"* crie um registro para o consórcio.

No campo código informe "95 - Consórcio não contemplado.".

Preencha o CNPJ da administradora do consórcio e em "Discriminação" informe o bem que se deseja adquirir com o consórcio, os dados da administradora e os todos os valores pagos com as parcelas e lances.

No ano que declarar o início do consórcio será preenchido 0,00 no primeiro campo "Situação em 31/12/XXXX", e o segundo campo com os valores pagos até aquela data.

Nos anos seguintes atualizar a "Discriminação" e o campo "Situação em 31/12/XXXX" com os valores pagos do consórcio nas respectivas datas.

Consórcio declarado anteriormente e que foi contemplado

Quando você for contemplado no consórcio, terá que dar baixa no registro que já era declarado na ficha "Bens e Direitos".

Para isso acesse a ficha de "Bens e Direitos", localize o registro correspondente ao consórcio, clique no registro e clique em "Editar".

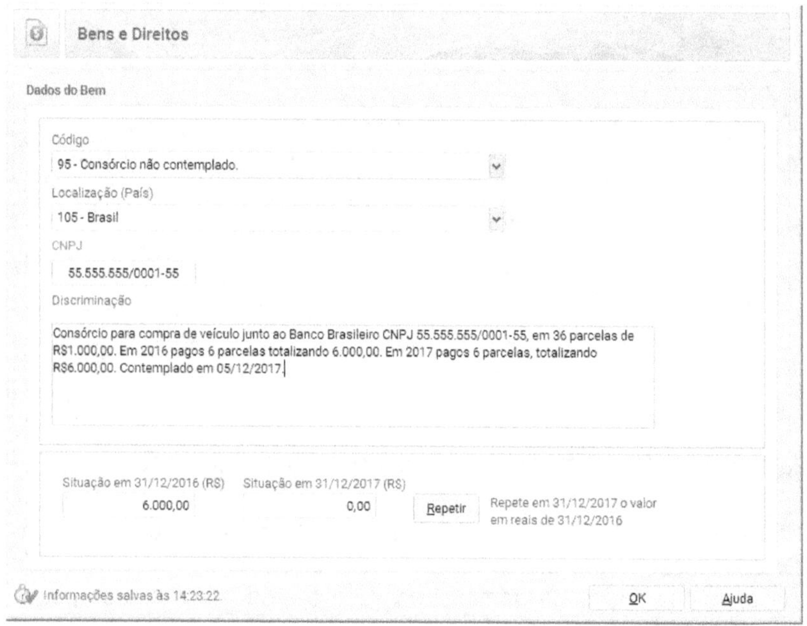

Na tela de edição do consórcio, atualize o campo "Discriminação" informando que você foi contemplado e preencha o segundo campo "Situação em 31/12/XXXX" com 0,00.

Agora siga as instruções no item "Quando contemplado e usou a carta de crédito" descrito nas próximas páginas.

Quando contemplado e <u>não usou</u> a carta de crédito

Se for contemplado no consórcio, mas não tiver utilizando ainda a carta de crédito, além de dar baixa do consórcio (explicado anteriormente), terá que informar o crédito que possui referente o recebimento do consórcio.

Assim, na ficha "Bens e Direitos" crie um novo registro.

No campo código informe "99 – Outros bens e direitos".

Informe em "Discriminação" que foi contemplado com a carta de crédito, o valor e os dados da administradora do consórcio.

Já o primeiro campo "Situação em 31/12/XXXX" ficará com 0,00 e o segundo campo "Situação em 31/12/XXXX" será preenchido com o valor recebido na carta de crédito.

Exemplo:

Discriminação: "Consórcio para compra de veículo junto ao Banco Brasileiro CNPJ 55.555.555/0001-55, em 36 parcelas de R$1.000,00. Em 2017 pagos 6 parcelas, totalizando R$6.000,00. Contemplado em 05/12/2017."

Situação em 31/12/2016 (R$): 0,00
Situação em 31/12/2017 (R$): 6.000,00

Quando utilizar a carta de crédito, não se esqueça de dar baixa deste registro no próximo IRPF, preenchendo com 0,00 o segundo campo "Situação em 31/12/XXXX" e detalhando no campo discriminação que utilizou a carta. Exemplo:

Situação em 31/12/2017 (R$): 6.000,00
Situação em 31/12/2017 (R$): 0,00

Quando contemplado e <u>usou</u> a carta de crédito

O procedimento para quando utilizar a carta de crédito é o mesmo de quando da aquisição de um imóvel ou veículo financiado. Na ficha de "Bens e Direitos" do veículo ou imóvel especifique no campo discriminação que utilizou a carta de crédito e os valores pagos.

Os campos "Situação em 31/12/XXXX" representam os valores efetivamente pagos nas datas especificadas.

Exemplo:

Discriminação: "Volkswagen GOL 1.0 2016/2016 Placa ZZZ-1234 adquirido na concessionária Nova Volkswagen CNPJ 01.123.123/0001-00, pelo valor de R$40.000,00, sendo R$10.000,00 pagos à vista e o restante através de consórcio contemplado em 05/12/2017 através de carta de crédito de R$30.000,00 do Banco Brasileiro CNPJ 01.456.123/0001-00. Em 2016 pagos 6 parcelas do consórcio totalizando 6.000,00. Em 2017 pagos 12 parcelas do consórcio totalizando 12.000,00."

Situação em 31/12/2016 (R$): 0,00
Situação em 31/12/2017 (R$): 28.000,00

Acima em "Situação em 31/12/2017" foi preenchido com R$28.000,00, pois o valor efetivamente gasto até 31/12/2017 para aquisição do veículo foram os R$10.000,00 de entrada, e as parcelas pagas do consórcio, no total de R$18.000,00 (R$6.000.00 em 2016 e R$12.000,00 em 2017).

Se após a contemplação com a carta de crédito, você continuou pagando o consórcio, na ficha de "Bens e Direitos" acrescente os valores dos pagamentos ao valor do imóvel ou veículo e especifique no campo "Discriminação", assim como ocorre para pagamentos financiados.

Pagamento de aluguel

Todos os valores pagos de aluguel devem ser declarados no programa IRPF correspondente ao *ano-base* dos pagamentos, sendo que condomínio e IPTU não podem ser declarados. Se você divide o aluguel com outra pessoa, cada uma pode informar a sua parte, desde que conste no contrato de locação esta divisão.

Caso tenha feito contrato com uma imobiliária, ela poderá lhe fornecer estes valores já somados. O informe se assemelhará ao exemplo abaixo:

COMPROVANTE ALUGUÉIS   **Ano Calendario: 2017**

1. Beneficiário do Rendimento (Locador)
Nome / Nome Empresarial   CPF / CNPJ
João da Silva   555.555.555-55

2. Fonte Pagadora (Locatário)   CPF / CNPJ
Nome / Nome Empresarial   999.999.999-99
Alexandre Martins

3. Rendimentos (em Reais)

Mês	Rendimento Bruto	Valor Comissão
Janeiro	1.000,00	150,00
Fevereiro	1.000,00	150,00
Março	1.000,00	150,00
Abril	1.000,00	150,00
Maio	1.000,00	150,00
Junho	1.000,00	150,00
Julho	1.000,00	150,00
Agosto	1.000,00	150,00
Setembro	1.000,00	150,00
Outubro	1.000,00	150,00
Novembro	1.000,00	150,00
Dezembro	1.000,00	150,00
Total	12.000,00	1.800,00

Na ficha "Pagamentos Efetuados" crie um registro para informar os pagamentos do aluguel.

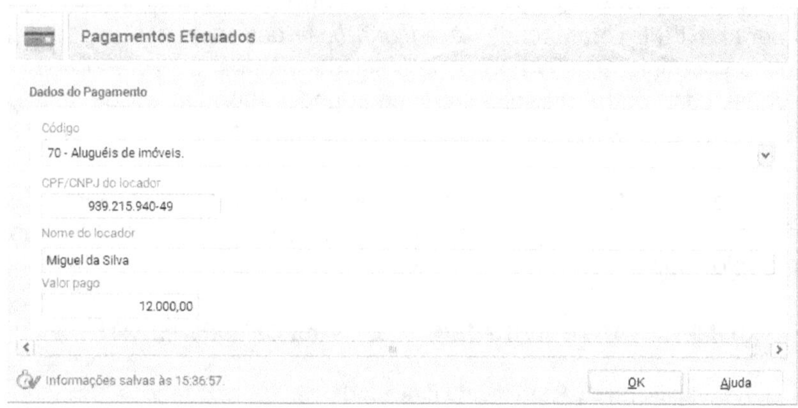

Selecione o código "70 – Aluguéis de imóveis."

Informe o CPF ou CNPJ do locador e o nome.

> **Havendo mais de um locador, a imobiliária lhe enviará um comprovante para cada um deles. No IRPF crie um registro para cada locador conforme conste no informe recebido.**

Agora no campo "Valor pago" deve constar exatamente o valor que você pagou pelo aluguel. No exemplo do comprovante da página anterior o valor é de R$12.000,00.

> **A comissão da imobiliária normalmente é paga pelo locador, assim ele que declarará este valor.**

Recebimento de aluguel

Locações para Pessoas Físicas com valores de até R$1.903,98 (valores em 2018) são isentas, e os rendimentos do aluguel são declarados na ficha "Rendimentos Tributáveis Recebidos de PF/Exterior".

Sendo o seu caso, acesse a ficha no menu lateral esquerdo e depois clique na aba "Outras informações".

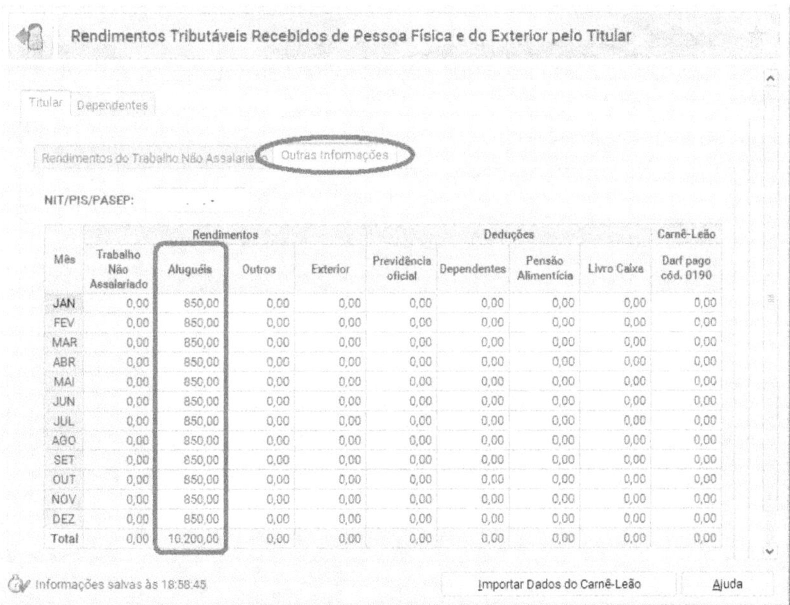

Mês	Rendimentos				Previdência oficial	Deduções			Carnê-Leão
	Trabalho Não Assalariado	Aluguéis	Outros	Exterior		Dependentes	Pensão Alimentícia	Livro Caixa	Darf pago cód. 0190
JAN	0,00	850,00	0,00	0,00	0,00	0,00	0,00	0,00	0,00
FEV	0,00	850,00	0,00	0,00	0,00	0,00	0,00	0,00	0,00
MAR	0,00	850,00	0,00	0,00	0,00	0,00	0,00	0,00	0,00
ABR	0,00	850,00	0,00	0,00	0,00	0,00	0,00	0,00	0,00
MAI	0,00	850,00	0,00	0,00	0,00	0,00	0,00	0,00	0,00
JUN	0,00	850,00	0,00	0,00	0,00	0,00	0,00	0,00	0,00
JUL	0,00	850,00	0,00	0,00	0,00	0,00	0,00	0,00	0,00
AGO	0,00	850,00	0,00	0,00	0,00	0,00	0,00	0,00	0,00
SET	0,00	850,00	0,00	0,00	0,00	0,00	0,00	0,00	0,00
OUT	0,00	850,00	0,00	0,00	0,00	0,00	0,00	0,00	0,00
NOV	0,00	850,00	0,00	0,00	0,00	0,00	0,00	0,00	0,00
DEZ	0,00	850,00	0,00	0,00	0,00	0,00	0,00	0,00	0,00
Total	0,00	10.200,00	0,00	0,00	0,00	0,00	0,00	0,00	0,00

Informe o valor recebido em cada mês do aluguel deduzindo os valores pagos a imobiliária (caso haja alguma administrando).

Locações para Pessoas Físicas com valores acima de R$1.903,98 (valores em 2018) são tributáveis. O imposto é calculado no programa Carnê-Leão, também da Receita Federal, e deve ser recolhido mensalmente e posteriormente importado no IRPF. Mais informações no capítulo "Carnê-Leão".

Locações para Pessoas Jurídicas têm a tributação descontada na fonte, assim como ocorre para um "Trabalhador registrado". Assim o contribuinte declara o rendimento na ficha "Rend. Trib. Receb. de Pessoa Jurídica".

É obrigação da empresa que aluga o seu imóvel recolher o imposto e lhe fornecer o informe de rendimento para declaração.

As comissões para a imobiliária, caso haja alguma administrando, podem ser deduzidas do valor recebido da empresa, porém devem constar na ficha "Pagamentos Efetuados" sob o código "71 – Administrador de imóveis".

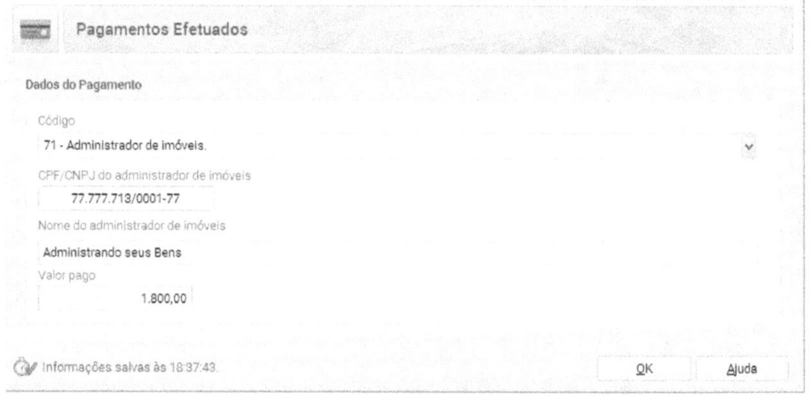

O limite de isenção em todos os casos refere-se ao valor somado de todos os aluguéis do contribuinte. Caso tenha dois imóveis alugados por R$1.500,00 cada um, é considerado o valor de R$3.000,00 para tributação, e pagará imposto sobre a diferença que excedeu os R$1.903,98.

Trabalhador registrado

Sendo um trabalhador registrado segundo a CLT, é obrigação da empresa lhe fornecer o Informe de Rendimento para preenchimento do IRPF.

A Receita Federal fornece um modelo para o informe, logo ele deverá ser muito semelhante ao exemplo mostrado abaixo. Com base neste modelo seguiremos detalhando o preenchimento.

Comprovante de Rendimentos e de Imposto sobre a Renda
Exercício de 2018 / Ano-Calendário de 2017

1.Fonte Pagadora Pessoa Jurídica ou Pessoa Física

Nome Empr: BANCO BRASILERO   CNPJ/CPF: 55.555.555/5555.55

2.Pessoa Física Beneficiária dos Rendimentos

Beneficiário: ALEXANDRE MARTINS   CPF: 999.999.999-99

Natureza do Rendimento: 000561 - REND. TRAB. ASSALARIADO

3.Rendimentos Tributáveis, Deduções e Imposto Retido na Font   VALORES

01 Total dos Rendimentos (inclusive férias)   23.200,00

02 Contribuição Previdenciaria Oficial   1.825,32

03 Contribuição Previd. Complem. pública ou privada e FAPI (0,00

04 Pensão Alimentícia (Preencher também o quadro 7)   0,00

05 Imposto sobre a Renda Retido na Fonte   3.269,96

4.Rendimentos Isentos e Não Tributáveis

01 Parc. Isenta, Aposent.,Reserva, Reforma e Pensão (65 anos   0,00

02 Diárias e Ajuda de Custo   0,00

03 Prov.Pensão, Aposent, Reforma molestia grave,inval.perman   0,00

04 Lucro e divid.a partir 1996 pg p/ PJ (Lucro Real,Pres.Arb   0,00

05 Valores Sócio Microempresa ou Peq.Porte exceto pro labore   0,00

06 Indenizações rescisão de contrato de trabalho, PDV, Acid.   0,00

07 Outros (Especificar)   0,00

5.Rendimentos Sujeitos a Tributação Exclusiva (Rend.Líquido)

01 Décimo Terceiro Salário   2.387,47

02 IRRF 13° Salário   39,20

Para o preenchimento acesse a ficha "Rend. Trib. Receb. de Pessoa Jurídica". Se a empresa que você prestou serviço estiver na lista apresentada, selecione o registro correspondente e clique em "Editar", caso contrário clique em "Novo".

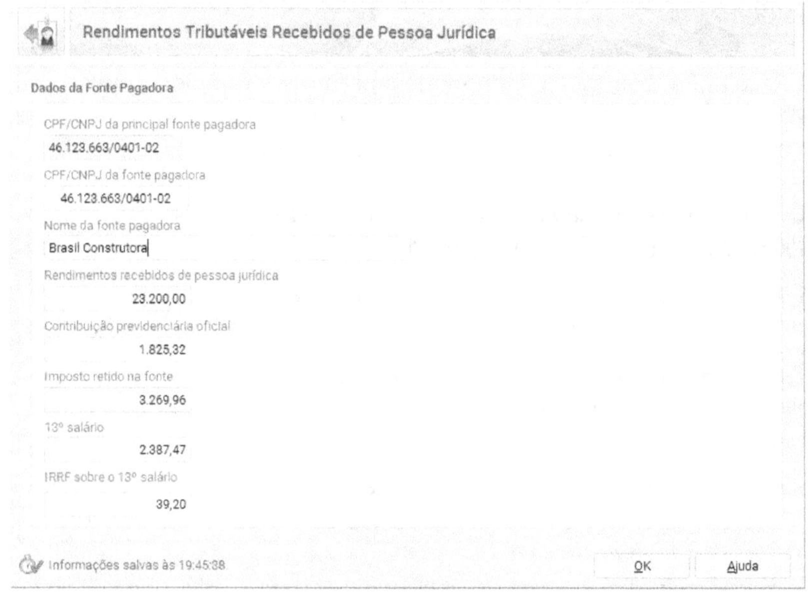

Preencha os campos conforme orientação abaixo:

- Informe o CNPJ e o nome da empresa.
- No campo "Rendimento recebidos de pessoa jurídica" insira o valor que consta em "3.1 Total de rendimentos (inclusive férias)" do informe de rendimento fornecido pela empresa.
- Para "Contribuição previdenciário oficial" informe o item 3.2 de mesmo nome no informe.
- "Imposto retido na fonte" é o descrito em "3.5 – Imposto sobre a renda retido na fonte".
- "13º salário" está em "5.1 – Décimo terceiro salário"
- "IRRF sobre o 13º salário" está em "5.2 – Imposto sobre a renda retido na fonte sobre 13º (décimo terceiro) salário"

Rendimentos Isentos e Não Tributáveis

No item 4 do informe de rendimento fornecido pela empresa, estarão os registros que devem ser declarados na ficha "Rendimentos Isentos e Não Tributáveis" do IRPF. Caso haja algum valor descrito, acesse a ficha no menu lateral esquerdo e clique no botão "Novo".

Escolha o "Tipo de Rendimento" a ser declarado. Abordaremos aqui os mais comuns.

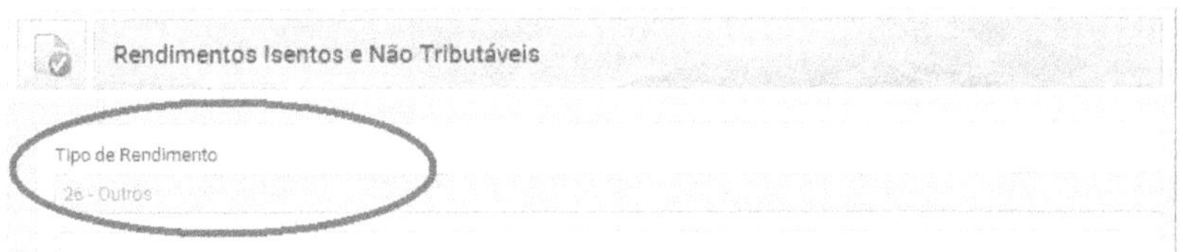

- ### *Desligamento da empresa*

  Em caso de desligamento do funcionário da empresa, no informe de rendimento constará o item 4.6 – Indenizações por rescisão de contrato de trabalho, inclusive a título de PDV e por acidente de trabalho.

  Deverá se escolhido então o "Tipo de Rendimento": "04 – Indenizações por rescisão de contrato de trabalho, inclusive a título de PDV, e por acidente de trabalho; e FGTS".

- ### *Diárias e ajuda de custo*

  Se a empresa teve que pagar hospedagem ou alimentação devido a alguma viagem na qual você prestou serviço para ela, poderão constar no informe estes valores no item "4.2. Diárias e ajuda de custo". Assim, você terá que declarar no "Tipo de Rendimento": "26 – Outros".

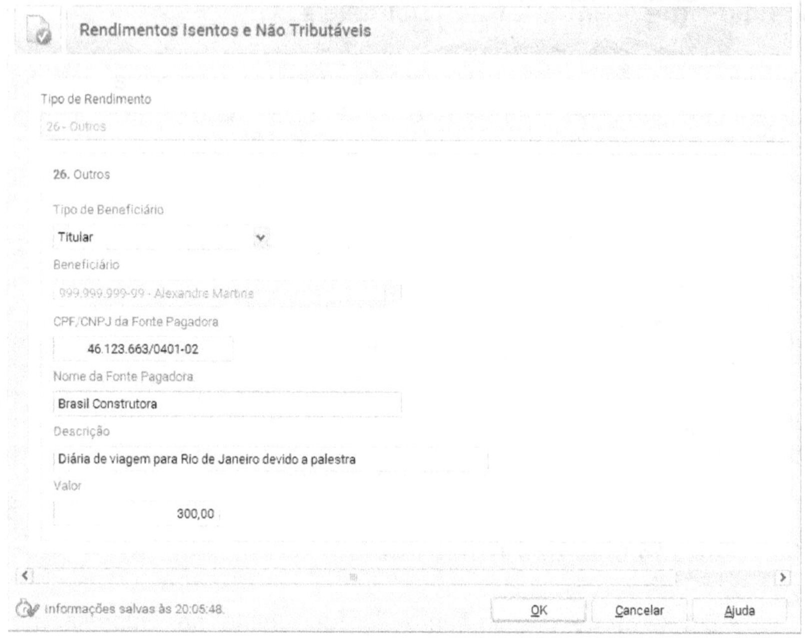

Ainda no registro de "Rendimentos Isentos e Não Tributáveis", informe:

- O CNPJ.
- Nome da empresa.
- Descrição do rendimento.
- E o valor gasto.

Clique no botão "Ok" para voltar a lista de Rendimentos Isentos e Não Tributáveis.

Rendimento Sujeitos à Tributação Exclusiva/Definitiva

As informações do item "5. Rendimentos Sujeitos à Tributação Exclusiva (rendimento líquido)" do informe devem ser declaradas na ficha "Rendimento Sujeitos à Tributação Exclusiva/Definitiva".

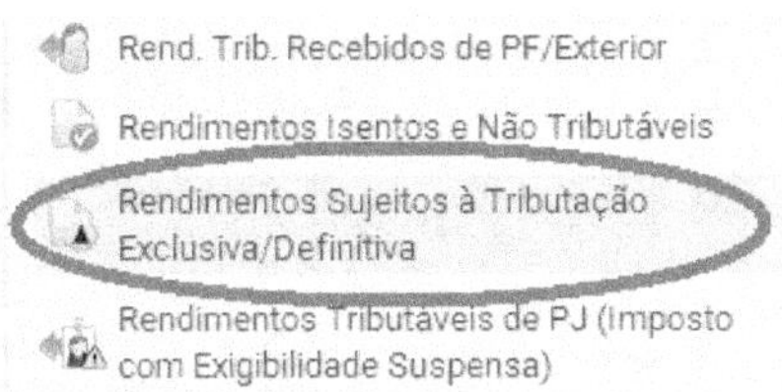

Os valores referentes ao 13º salário, já estarão preenchidos quando feito o passo de preenchimento da Fonte Pagadora na ficha "Rend. Trib. Receb. De Pessoa Jurídica". Veja na aba "Totais".

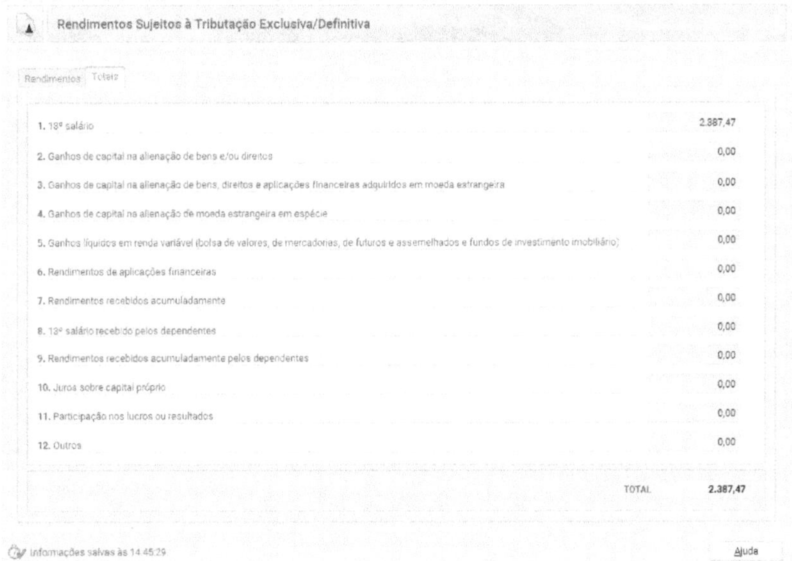

Rendimentos Sujeitos à Tributação Exclusiva/Definitiva

1. 13º salário	2.387,47
2. Ganhos de capital na alienação de bens e/ou direitos	0,00
3. Ganhos de capital na alienação de bens, direitos e aplicações financeiras adquiridos em moeda estrangeira	0,00
4. Ganhos de capital na alienação de moeda estrangeira em espécie	0,00
5. Ganhos líquidos em renda variável (bolsa de valores, de mercadorias, de futuros e assemelhados e fundos de investimento imobiliário)	0,00
6. Rendimentos de aplicações financeiras	0,00
7. Rendimentos recebidos acumuladamente	0,00
8. 13º salário recebido pelos dependentes	0,00
9. Rendimentos recebidos acumuladamente pelos dependentes	0,00
10. Juros sobre capital próprio	0,00
11. Participação nos lucros ou resultados	0,00
12. Outros	0,00
TOTAL	2.387,47

Informações salvas às 14:45:29

Ajuda

Já a participação no lucro e outros rendimentos recebidos da Pessoa Jurídica precisam ser preenchidos.

Para estes casos volte na aba "Rendimentos"

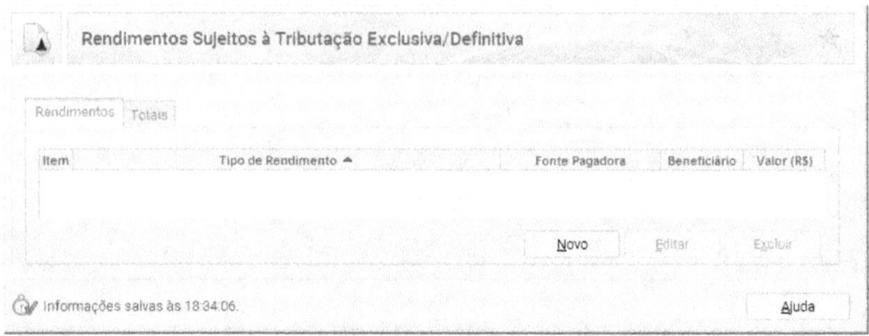

Clique no botão "Novo", e insira as informações do rendimento que contam no informe (caso haja).

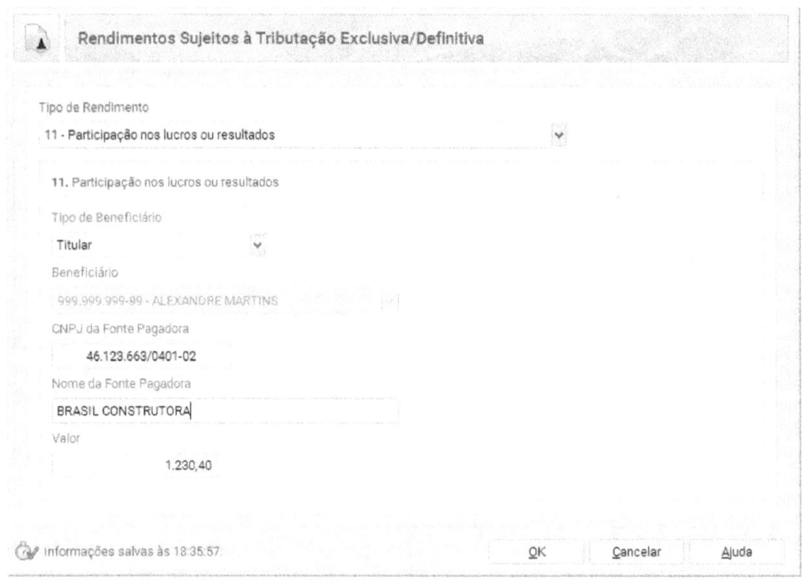

Trabalhador autônomo

O profissional autônomo também deve declarar o seu imposto de renda. Além de facilitar financiamentos, pois você poderá comprovar a sua renda, isto lhe deixará em dia com a Receita Federal.

Para quem prestou serviço para Pessoa Jurídica, a declaração é feita de forma semelhante ao trabalhador registrado. Se você prestou serviços para uma Pessoa Jurídica, esta terá que lhe fornecer um informe de rendimento.

Já para quem prestou serviço para Pessoa Física, por exemplo, se você é um dentista e atendeu diretamente os seus clientes, é necessário que tenha feito o pagamento mensal das DARF através do programa Carnê-Leão da Receita Federal. Estando em dia com estes pagamentos, é possível importar no IRPF as informações do Carnê-Leão.

Deduções

As deduções também são permitidas e devem ser preenchidas no programa Carnê-Leão.

O Carnê-Leão é o programa utilizado para o cálculo do imposto de renda que ocorre da forma de recolhimento mensal obrigatório.

Mais informações, consulte o capítulo "Carnê-Leão".

MEI ou outras empresas com CNPJ

Se você possui um registro de MEI (Micro Empreendedor Individual) ou outro tipo de empresa que tenha CNPJ próprio, a declaração da Pessoa Jurídica é separada da Pessoa Física.

No caso do MEI você fará a Declaração Anual de Faturamento no DASN-SIMEI (Declaração Anual do Simples Nacional para o Microempreendedor Individual). Este deve ser entregue até 31 de maio de cada ano.

Para outros tipos de empresa, é necessário fazer a entrega do IRPJ (Imposto sobre a Renda das Pessoas Jurídicas).

Este livro foi elaborado para a declaração da pessoa física, assim o IRPJ e o DASN-SIMEI não são abordados, mas caso queira mais informações sobre estas declarações consulte o site da Receita Federal em:

IRPJ:
http://idg.receita.fazenda.gov.br/acesso-rapido/tributos/IRPJ

SIMEI:
http://www8.receita.fazenda.gov.br/simplesnacional/servicos/grupo.aspx?grp=8

Aposentados pelo INSS

O procedimento para declaração dos valores recebidos de aposentadoria do INSS segue o mesmo roteiro descrito na ficha "Trabalhador Registrado" deste livro. A diferença é que a "Fonte Pagadora é o INSS", neste caso utilize o CNPJ e "Nome Empresarial" descrito no informe. Abaixo um modelo de exemplo:

Ministério da Fazenda - Secretaria da Receita Federal do Brasil Imposto sobre a Renda da Pessoa Física Exercício de:2018	Comprovante de Rendimentos Pagos e de Imposto sobre a Renda Retido na Fonte Ano-Calendário de:2017

1 - Fonte Pagadora Pessoa Jurídica ou Pessoa Física

CNPJ/CPF: 16.727.230/0001-97	Nome Empresarial/Nome Completo: Fundo do Regime Geral de Previdência Social - FRGPS	Uso Interno

2 - Pessoa Física Beneficiária dos Rendimentos

CPF: 111.111.111-11	Nome Completo: ALEXANDRE MARTINS	Número do Benefício 111111111-6

Natureza do Rendimento:
3533 - Proventos de Aposentadoria, Reserva, Reforma ou Pensão pagos pela Previdência

3 - Rendimentos Tributáveis, Deduções e Imposto Retido na Fonte	Valores em reais
1 - Total de Rendimentos (inclusive férias)	37.623,11
2 - Contribuição Previdenciária Oficial	0,00
3 - Contribuição à Previdência Privada e ao Fundo de Aposentadoria Programada Individual (FAPI)	0,00
4 - Pensão Alimentícia (Informar o beneficiário no quadro 07)	0,00
5 - Imposto Retido na Fonte	1.767,98

4 - Rendimentos Isentos e Não Tributáveis	Valores em reais
1 - Parcela Isenta dos proventos de Aposentadoria, Reserva, Reforma e Pensão (65 anos ou mais)	11.423,88
2 - Diárias e Ajudas de Custo	0,00
3 - Pensão,Proventos de Aposentadoria ou Reforma por Moléstia Grave, Aposentadoria ou Reforma por Acidente em Serviço	0,00
4 - Lucro e Dividendo apurado a partir de 1996 pago por Pessoa Jurídica (Lucro Real, Presumido ou Arbitrado)	0,00
5 - Valores Pagos ao Titular ou Sócio da Microempresa ou Empresa de Pequeno Porte, exceto Pró-Labore, Aluguéis ou Serv. Prestados	0,00
6 - Indenização por rescisão de contrato de trabalho, inclusive a título de PDV e acidente de trabalho	0,00
7 - Outros (Especificar)	0,00

5 - Rendimentos Sujeitos à Tributação Exclusiva (rendimento líquido)	Valores em reais
1 - Décimo Terceiro Salário	2.034,36
2 - Imposto sobre a renda retido na fonte sobre 13º salário	10,56
3 - Outros	0,00

6 - Rendimentos Recebidos Acumuladamente - (sujeitos à tributação exclusiva)

6.1. Número do processo:	Quantidade de meses: 0000	Natureza do rendimento: Art. 12-A da Lei n 7.713 de 1988

Para obter o "Informe do INSS", você pode ir à agência do INSS e obter a versão impressa, ou a versão digital através de um dos sites abaixo:

Extrator do IR: https://extratoir.inss.gov.br/

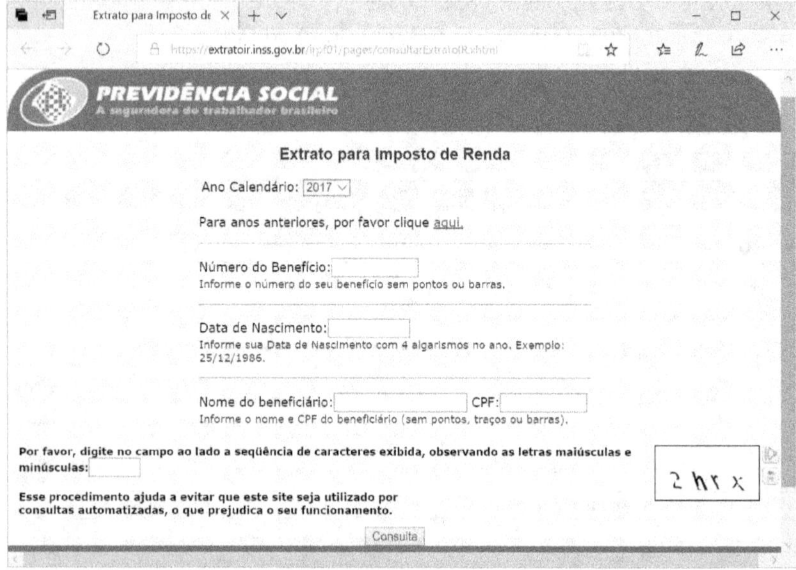

Informe os campos solicitados e clique no botão "Consultar". O informe será gerado online.

Meu INSS: **https://meu.inss.gov.br/**

O site "Meu INSS" é o novo site do Governo para centralizar todas as informações sobre o INSS, tanto para aposentados como para contribuintes.

Nele você acessará a opção "Extrato do imposto de Renda (IR)", localizado no menu lateral esquerdo, assim obterá o informe.

Ao clicar no botão "Fazer login", é exigido o seu CPF e senha no site "Cidadão.br". Caso não possua cadastro ainda, clique no botão "Cadastre-se" e siga o passo a passo descrito no site.

Dependentes

Para fins do Imposto de Renda, são consideradas dependentes as pessoas que tiveram uma relação de dependência com o declarante no ano fiscal declarado, mesmo que por alguns meses, nos casos de recém-nascidos ou falecidos por exemplo.

> **Para beneficiários de Pensão Alimentícia siga as orientações nos capítulos "Pagamento de Pensão Alimentícia" e "Recebimento de Pensão Alimentícia".**

A inclusão de Dependentes no IRPF pode diminuir o valor do imposto a pagar ou aumentar o valor do imposto a restituir.

> **Cada dependente só pode ser informado por um contribuinte. Se por exemplo, você é casado(a) e tem filho, somente uma pessoa do casal pode declarar o filho como dependente.**

Faça também as contas se a inclusão do dependente está realmente gerando um benefício. Se o dependente tiver uma fonte de renda, esta renda deverá ser preenchida junto na mesma declaração, o que pode ocasionar mudança da faixa de tributação do contribuinte, elevando assim o imposto.

> **Conforme explicado no capítulo "Decidindo entre a Declaração Completa ou Simplificada", acompanhe na área "Opção pela Tributação" do IRPF se o cálculo está indicando vantagem na inclusão do dependente.**

Siga os procedimentos nas próximas páginas para verificar a possibilidade de inclusão do dependente.

Acesse no menu lateral esquerdo a ficha "Dependentes".

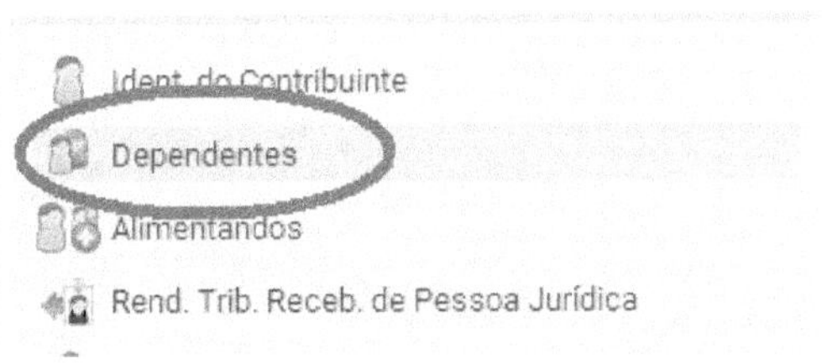

Será exibida tela semelhante ao da imagem abaixo:

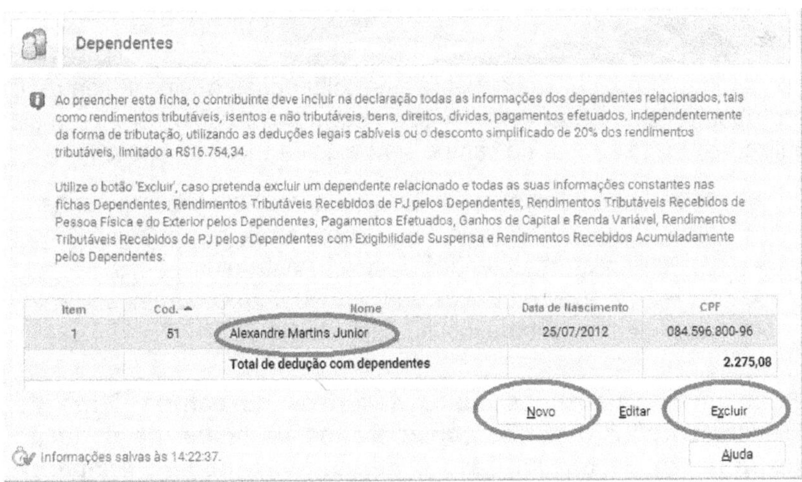

Caso tenha declarado anteriormente o dependente, ele aparecerá listado na tela acima. Se quiser excluí-lo da sua declaração clique na linha correspondente ao nome dele e clique no botão "Excluir.

Para inclusão de um dependente clique no botão "Novo".

Lembre-se que a inclusão do dependente implica na declaração conjunta de todos os rendimentos.

Tela de inclusão de dependente

No campo "Tipo de Dependente", escolha qual o vínculo entre o contribuinte e o dependente a ser declarado. Abaixo listo os mais utilizados, mas se clicar no campo será exibida todas as opções.

- 11 – Companheiro(a) com o(a) qual o(a) contribuinte tenha filho(a) ou viva há mais de 5 (cinco) anos, ou cônjuge.
- 21 – Filho(a) ou enteado(a) até 21 (vinte e um) anos.
- 31 – Pais, avós e bisavós que, em 2017, receberam rendimentos, tributáveis ou não, até R$ 22.847,76.

Friso que somente os casos descritos no campo "Tipo de Dependente" é que são considerados passíveis de dedução no imposto de renda. Caso o dependente não se enquadre em nenhum dos casos, não poderá ser declarado.

Preencha o "CPF", a "Data de Nascimento" e o "Nome" do seu dependente.

Declare as Despesas com educação ou saúde do Dependente, além de rendimentos, caso ele receba algum.

Após o cadastro de todas estas informações será possível averiguar se o Dependente trouxe vantagem na declaração.

Pagamento de pensão alimentícia

Deverão ser informados na ficha "Alimentandos" os beneficiários em razão de decisão judicial ou por meio de acordo homologado judicialmente ou por escritura pública que receberam do contribuinte:

- **Pensão alimentícia;**
- **Pagamento de despesas médicas ou com ensino.**

Caso o beneficiário se enquadre nos casos acima, você pode declará-lo na ficha "Alimentandos" a fim de obter dedução dos valores tributáveis. Neste caso não declare na ficha "Dependentes".

> **As despesas médicas ou com ensino podem ser deduzidas somente se com base em decisão judicial. Se o pai paga a escola do filho, mas esta despesa não conste na decisão da pensão alimentícia, este valor não pode ser abatido.**

Crie um registro para cada beneficiário na ficha "Alimentandos".

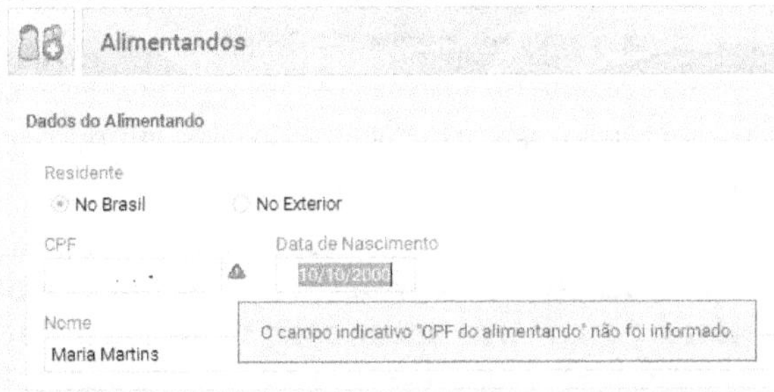

Em seguida preencha o CPF do alimentando, sendo que este campo é obrigatório caso ele tenha 8 anos ou mais completados até o fim do a*no-base* da declaração.

Por fim complete com a data de nascimento e o nome do beneficiário.

Para declarar o valor pago da Pensão Alimentícia, na ficha "Pagamentos Efetuados" crie um registro (caso não exista).

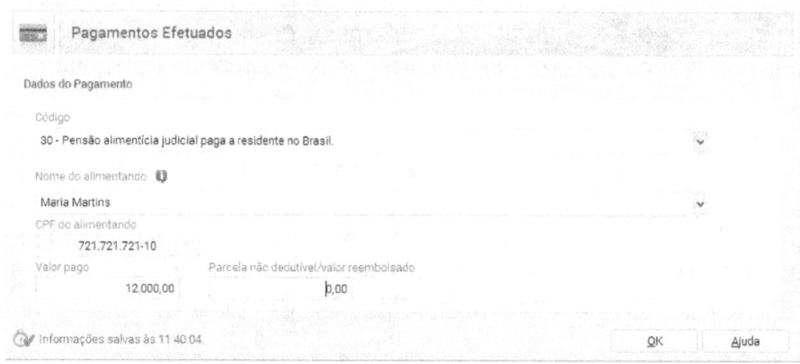

Informe no campo código, o tipo de Pensão Alimentícia paga:
- 30 – Pensão alimentícia judicial paga a residente no Brasil.
- 31 – Pensão alimentícia judicial paga a não residente no Brasil.
- 33 – Pensão alimentícia – separação/divórcio por escritura pública paga a residente no Brasil.
- 34 – Pensão alimentícia – separação/divórcio por escritura pública paga a não residente no Brasil.

Selecione o alimentando na caixa "Nome do alimentando" e preencha o valor pago no *ano-base*.

> **Se houver valor de pensão alimentícia descontado do décimo terceiro salário do contribuinte, este deve ser informado no campo "Parcela não dedutível/valor reembolsado", pois o valor já foi deduzido diretamente na fonte do rendimento.**

Para declarar as Despesas com educação ou saúde do alimentando (desde que com base em decisão judicial), siga o passo a passo nos capítulos "Despesas com educação" e "Despesas com saúde".

Recebimento de pensão alimentícia

Quem recebe pensão alimentícia é obrigado a declarar o rendimento no imposto de renda. Se o valor for superior a R$1.903,98 (valores para 2018) por mês, é obrigatório a declaração via Carnê-Leão, caso contrário poderá declarar diretamente no IRPF.

> **O Carnê-Leão é o programa utilizado para o cálculo do imposto de renda que ocorre da forma de recolhimento mensal obrigatório.**
>
> **Mais informações, consulte o capítulo "Carnê-Leão".**

A declaração deve ser feita em nome de quem recebeu o benefício. Logo se uma criança recebe pensão alimentícia, deverá ser criada uma Declaração no IRPF em nome da criança (que é considerado o contribuinte titular), discriminando o recebimento da pensão. Se o filho mora com a mãe, ela pode declarar junto ao seu imposto de renda, mas tem que explicitar que o rendimento foi recebido pelo Dependente (neste caso o filho é o contribuinte dependente da mãe).

Nas páginas a seguir serão abordadas a Pensão Alimentícia nos seguintes casos:

- Pensão alimentícia de até R$1.903,98 por mês recebida em 2018 pelo contribuinte dependente;
- Pensão alimentícia de até R$1.903,98 por mês recebida pelo contribuinte titular;
- Pensão alimentícia acima de R$1.903,98 por mês recebida em 2018 pelo contribuinte titular ou pelo dependente.

Abaixo como proceder para o preenchimento do recebimento para cada caso:

Caso 1 – Pensão alimentícia de até R$1.903,98 por mês recebida em 2018 pelo contribuinte dependente

Acesse a ficha "Rend. Trib. Recebidos de PF/Exterior" no menu lateral esquerdo, clique na aba "Dependentes" e depois em "Novo".

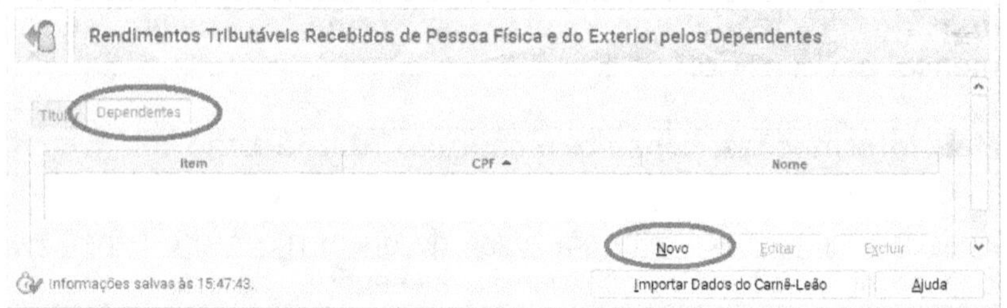

Selecione o Dependente na caixa de seleção e depois clique na aba "Outras informações".

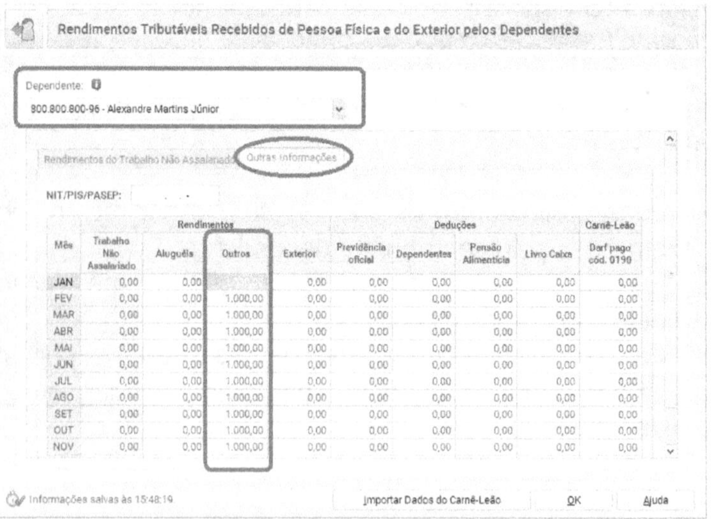

Mês	Rendimentos				Deduções				Carné-Leão
	Trabalho Não Assalariado	Aluguéis	Outros	Exterior	Previdência oficial	Dependentes	Pensão Alimentícia	Livro Caixa	Darf pago cód. 0190
JAN	0,00	0,00		0,00	0,00	0,00	0,00	0,00	0,00
FEV	0,00	0,00	1.000,00	0,00	0,00	0,00	0,00	0,00	0,00
MAR	0,00	0,00	1.000,00	0,00	0,00	0,00	0,00	0,00	0,00
ABR	0,00	0,00	1.000,00	0,00	0,00	0,00	0,00	0,00	0,00
MAI	0,00	0,00	1.000,00	0,00	0,00	0,00	0,00	0,00	0,00
JUN	0,00	0,00	1.000,00	0,00	0,00	0,00	0,00	0,00	0,00
JUL	0,00	0,00	1.000,00	0,00	0,00	0,00	0,00	0,00	0,00
AGO	0,00	0,00	1.000,00	0,00	0,00	0,00	0,00	0,00	0,00
SET	0,00	0,00	1.000,00	0,00	0,00	0,00	0,00	0,00	0,00
OUT	0,00	0,00	1.000,00	0,00	0,00	0,00	0,00	0,00	0,00
NOV	0,00	0,00	1.000,00	0,00	0,00	0,00	0,00	0,00	0,00

E preencha o valor recebido mês a mês na coluna "Outros".

Caso 2 – Pensão alimentícia de até R$1.903,98 por mês recebida pelo contribuinte titular

Acesse a ficha "Rend. Trib. Recebidos de PF/Exterior" no menu lateral esquerdo e clique na aba "Outras informações".

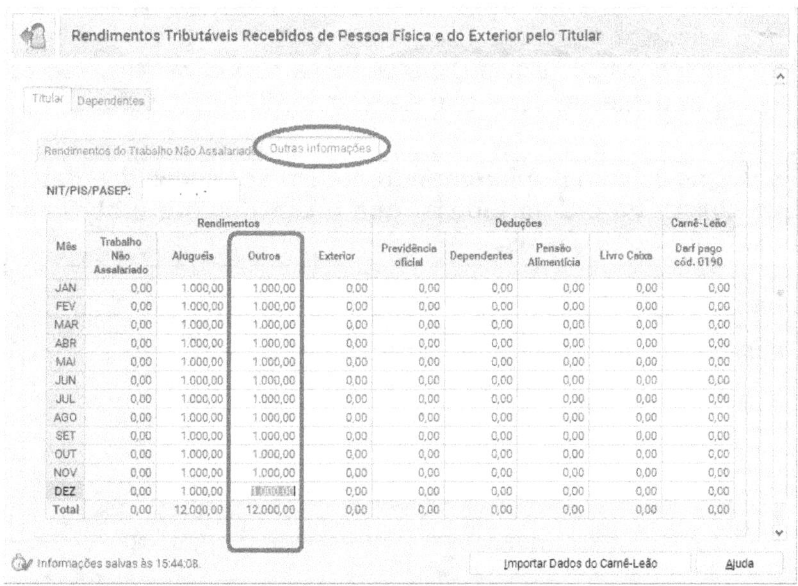

Rendimentos Tributáveis Recebidos de Pessoa Física e do Exterior pelo Titular

| Mês | Rendimentos | | | | Deduções | | | | Carnê-Leão |
	Trabalho Não Assalariado	Aluguéis	Outros	Exterior	Previdência oficial	Dependentes	Pensão Alimentícia	Livro Caixa	Darf pago cód. 0190
JAN	0,00	1.000,00	1.000,00	0,00	0,00	0,00	0,00	0,00	0,00
FEV	0,00	1.000,00	1.000,00	0,00	0,00	0,00	0,00	0,00	0,00
MAR	0,00	1.000,00	1.000,00	0,00	0,00	0,00	0,00	0,00	0,00
ABR	0,00	1.000,00	1.000,00	0,00	0,00	0,00	0,00	0,00	0,00
MAI	0,00	1.000,00	1.000,00	0,00	0,00	0,00	0,00	0,00	0,00
JUN	0,00	1.000,00	1.000,00	0,00	0,00	0,00	0,00	0,00	0,00
JUL	0,00	1.000,00	1.000,00	0,00	0,00	0,00	0,00	0,00	0,00
AGO	0,00	1.000,00	1.000,00	0,00	0,00	0,00	0,00	0,00	0,00
SET	0,00	1.000,00	1.000,00	0,00	0,00	0,00	0,00	0,00	0,00
OUT	0,00	1.000,00	1.000,00	0,00	0,00	0,00	0,00	0,00	0,00
NOV	0,00	1.000,00	1.000,00	0,00	0,00	0,00	0,00	0,00	0,00
DEZ	0,00	1.000,00	1.000,00	0,00	0,00	0,00	0,00	0,00	0,00
Total	0,00	12.000,00	12.000,00	0,00	0,00	0,00	0,00	0,00	0,00

Preencha o valor recebido mês a mês na coluna "Outros".

Caso 3 – Pensão alimentícia acima de R$1.903,98 por mês recebida em 2018 pelo contribuinte titular ou pelo dependente

Tendo feito o pagamento mensal via Carnê-Leão basta importar os dados do programa. Mais informações no capítulo "Carnê-Leão".

Despesas com educação

Os valores gastos com educação podem ser declarados no Imposto de Renda a fim de abater parte dos rendimentos tributáveis, no "Modelo Completo" de declaração. Isto também pode reduzir o valor do imposto a pagar ou aumentar o valor do imposto a restituir.

Caso tenha declarado algum Dependente na respectiva ficha, poderá informar as despesas gastas com eles com médico e instrução.

As despesas com o Alimentando podem ser deduzidas desde que conste na ordem judicial que o contribuinte é obrigado arcar com estes gastos.

Para declarar os gastos com educação, acesse a ficha "Pagamentos Efetuados" no menu lateral esquerdo.

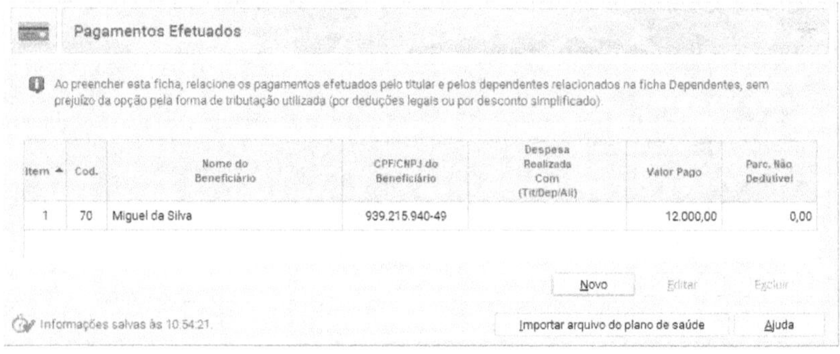

Clique no botão "Novo" para incluir uma nova despesa com instrução do contribuinte ou do dependente/alimentando. Caso a despesa já conste listada, selecione-a e clique em "Editar".

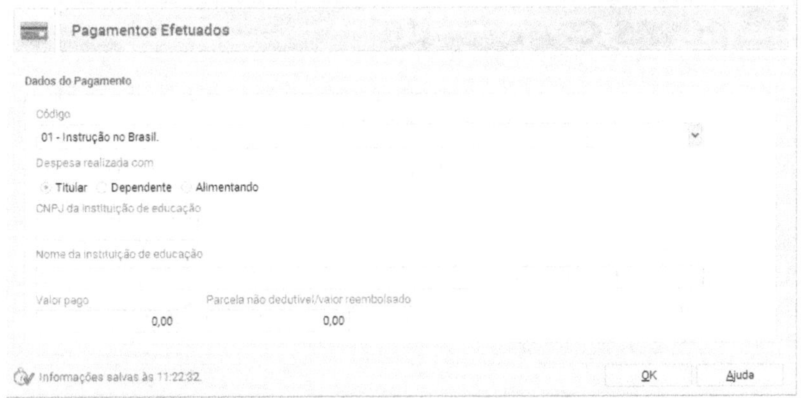

Selecione o Código correspondente a despesa a ser declarada:
- 01 – Instrução no Brasil;
- 02 – Instrução no exterior.

São considerados despesas dedutíveis com instrução, os pagamentos feitos com educação infantil (creches e pré-escola), fundamental, médio e superior. Ensino técnico e tecnológico também pode ser incluído.

Não podem ser declarados despesas com uniforme, material (cadernos, livros, etc.), transporte, aulas particulares ou outros cursos.

Informe em "Despesa realizada com" se a despesa foi gasta com o contribuinte titular, dependente ou alimentando.

A seguir devem ser informados o "CNPJ" e nome da instituição de ensino. E por fim o valor pago.

Importante sempre guardar todos os comprovantes destas despesas, pois poderá ser solicitado pela Receita Federal.

Despesas com saúde

Da mesma forma que as despesas com educação, podem ser abatidos no Imposto de Renda no "Modelo Completo" gastos com saúde do contribuinte, dos dependentes ou alimentandos desde que declarados em conjunto.

> **As despesas com o Alimentando podem ser deduzidas desde que conste na ordem judicial que o contribuinte é obrigado a arcar com estes gastos.**

Para declaração de despesas com saúde, acesse a ficha "Pagamentos Efetuados" no menu lateral esquerdo.

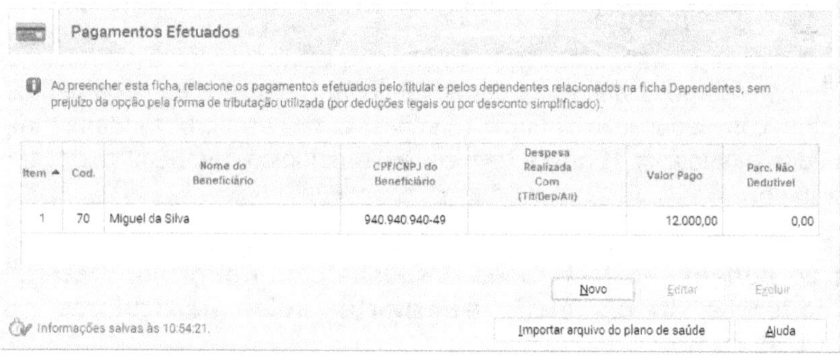

Clique no botão "Novo" para incluir uma nova despesa com saúde do contribuinte ou do dependente/alimentando.

Selecione o Código correspondente a despesa a ser declarada. Abaixo alguns exemplos dos códigos mais utilizados:

- 10 – Médicos no Brasil.
- 11 – Dentistas no Brasil.
- 21 – Hospitais, clínicas e laboratórios no Brasil.
- 26 – Planos de saúde no Brasil.

Despesas com médicos, hospitais, exames laboratoriais, aparelhos ortopédicos e próteses ortopédicas e dentária podem ser incluídas.

> **Não podem ser deduzidos os valores gastos com vacinas e medicamentos, exceto os incluídos em conta hospitalar**.

No campo "Valor pago" deve ser informado somente os valores gastos pelo contribuinte, dependente ou alimentando que constem na declaração. E em "Parcela não dedutível/valor reembolsado" os valores reembolsados pelo plano de saúde.

> **Importante sempre ter guardado todos os comprovantes destas despesas, pois poderá ser solicitado pela Receita Federal.**

Para os casos abaixo, siga o procedimento descrito:

Planos de saúde pagos integramente pela empresa

Planos de saúde pagos pela empresa (onde o contribuinte trabalha), não podem ser lançados como despesas, visto que a despesa é da empresa e não do trabalhador.

Planos de saúde em modelo coparticipação

Se a empresa paga somente uma parte do plano, informe no campo "Valor pago" a parte que você pagou pelo plano (incluindo os valores de coparticipação em consultas e exames) e deixe com o valor R$0,00 o campo "Parcela não dedutível/valor reembolsado".

Reembolso

Se você pagou uma consulta médica, por exemplo, e parte do valor foi reembolsado pelo plano de saúde, no campo "Valor pago" informe o valor da consulta e no campo "Parcela não dedutível/valor reembolsado" o valor reembolsado pelo plano de saúde.

Antes de entregar a declaração

Nas próximas seções serão abordadas as validações do preenchimento, o cálculo do imposto e procedimentos para restituição e pagamentos que devem ser feitos antes da entrega.

Verificando o preenchimento da declaração

Ao final do preenchimento da declaração é aconselhável verificar se todos os itens foram digitados corretamente e se não há alguma ficha pendente de preenchimento.

Para isso clique no botão de checagem no menu superior.

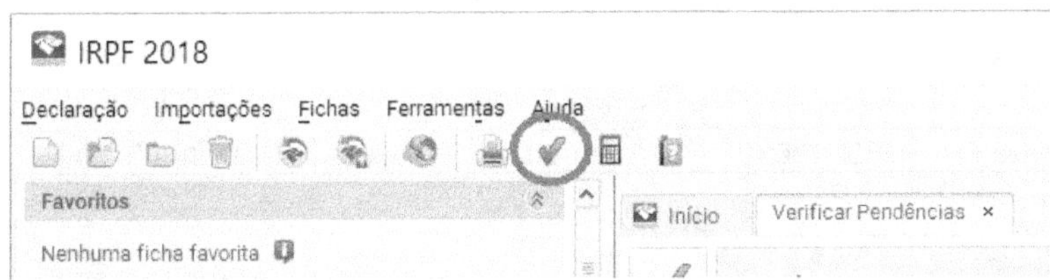

Será exibida uma lista de pendências. Clique no link sobre o texto descritivo da pendência e o programa lhe direcionará para a ficha e o campo que deve ser acertado.

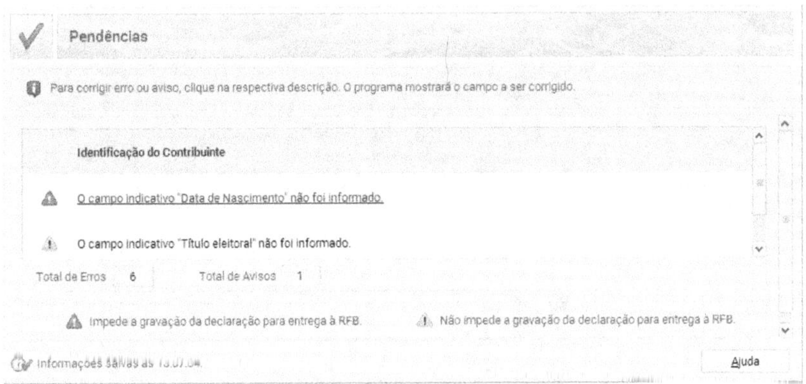

Quando todos os apontamentos estiverem corrigidos, ao clicar novamente no botão de checagem será apresentada a mensagem:

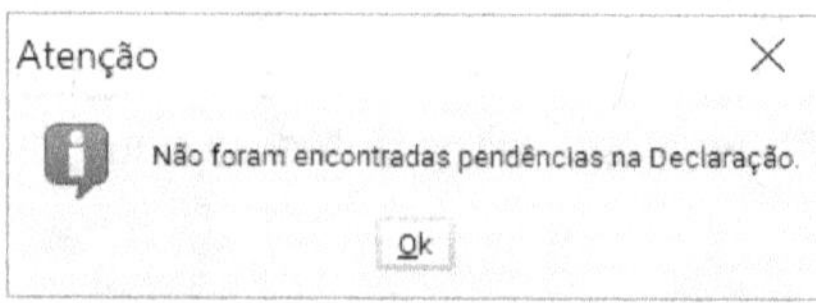

Aconselho também revisitar todas as fichas preenchidas na declaração afim da verificação de possíveis erros de digitação, ou esquecimento de alguma informação.

Para visualizar o preenchimento de toda a declaração sem a necessidade de abertura de cada ficha, utilize a opção de impressão ou geração de PDF (para visualização digital).

Impressão

Clique em "Declaração" no menu superior, acesse "Imprimir", e clique em "Declaração".

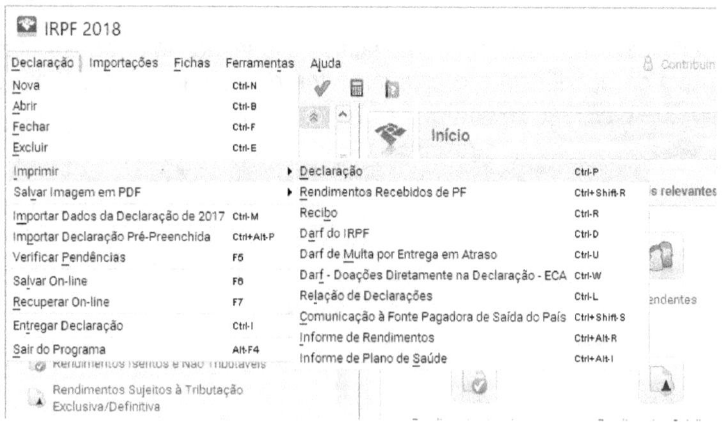

Você pode optar por imprimir toda a declaração ou somente determinadas fichas. Caso não tenha certeza de quais fichas foram preenchidas, marque o item "Toda a declaração".

Agora selecione a opção "Imprimir" e clique em "Ok".

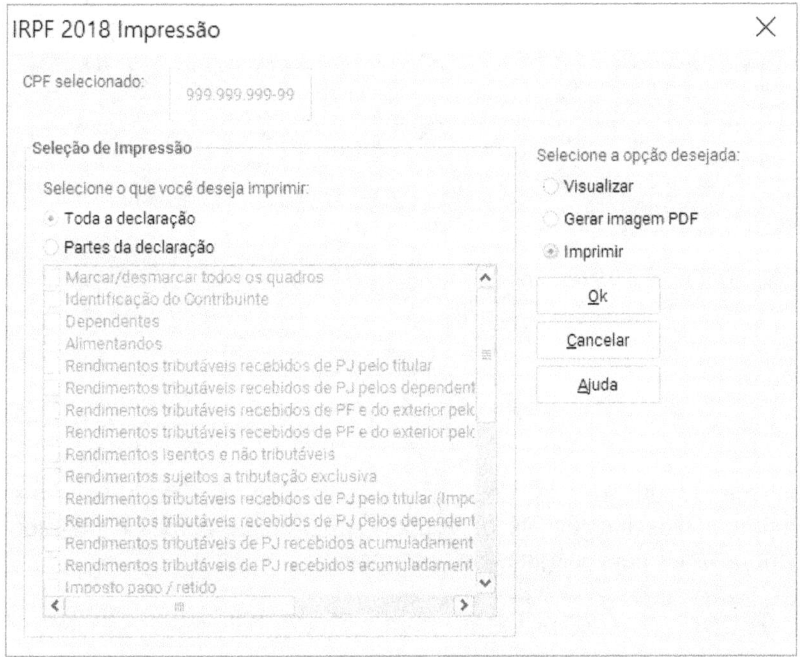

Podemos observar na tela acima, também as opções "Visualizar" e "Gerar imagem PDF", as quais podem ser utilizadas para a conferência em formato digital, sem necessidade de impressão.

Visualizar impressão

Antes de imprimir você pode conferir na visualização, como ficou a declaração.

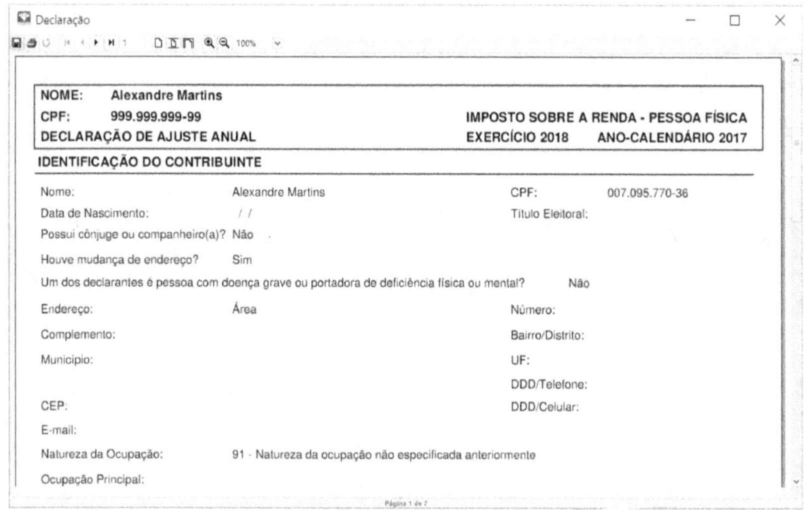

No menu superior, os dois primeiros botões são para Salvar e Imprimir a declaração. Já o segundo conjunto de botões é utilizado para navegar pelas páginas da declaração:

Salvar – Gera um arquivo no formato PDF da declaração. Útil para visualizar a declaração, sem necessidade do programa IRPF.

Imprimir – Tendo uma impressora configurada no seu computador, efetuará a impressão da declaração.

Opção pela Tributação

Após a validação da declaração, o contribuinte deve selecionar qual cálculo de tributação será utilizado. Verifique no capítulo "Decidindo entre a Declaração Completa ou Simplificada" a melhor opção para você.

Depois veja o texto abaixo da "Opção pela Tributação" escolhida, que indicará se o contribuinte tem Imposto a Pagar ou a Imposto a Restituir. Os procedimentos para cada caso são explicados a seguir.

Imposto a Restituir

Se a "Opção pela Tributação" selecionada indicar que há "Imposto a Restituir", o contribuinte deve cadastrar a conta bancária para recebimento do valor da restituição do imposto.

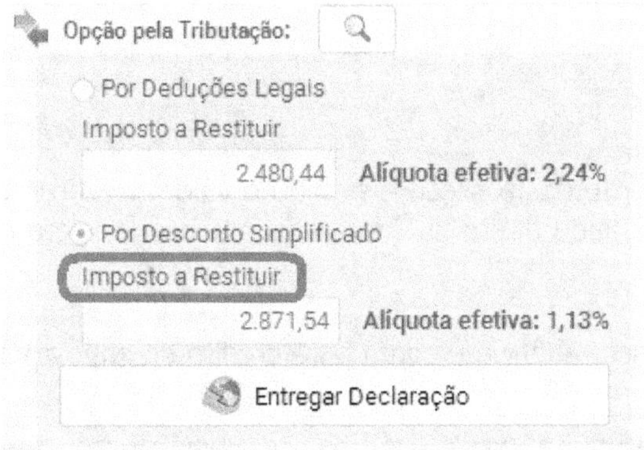

Para indicar a conta de restituição, volte para a tela inicial do IRPF e confirme que o título na área de declaração se chama "Início", conforme em destaque na imagem abaixo:

Se estiver em outra ficha de declaração, basta clicar na aba "Início" localizada na área de declaração (conforme imagem acima).

Localize na parte inferior da tela "Início" a seção "Imposto a Restituir":

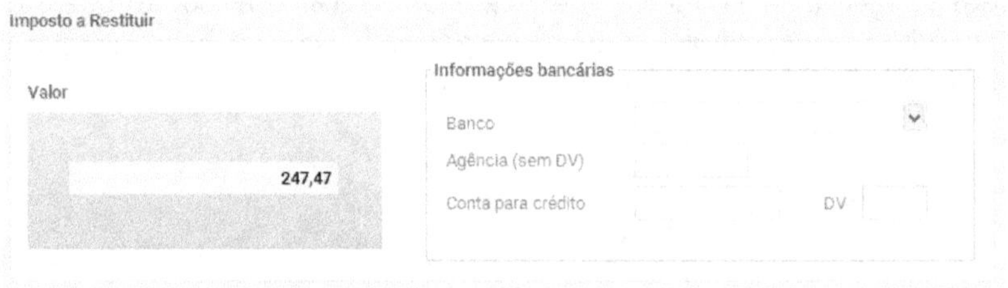

No lado esquerdo desta seção é exibido o valor a restituir do imposto de renda. E no lado direto as informações bancárias para depósito da restituição.

Informe o banco, agência e conta para crédito do imposto a restituir.

A conta bancária para crédito da restituição deve ser de titularidade do contribuinte, podendo ser conta individual ou conjunta.

É permitida a restituição tanto em conta corrente como em conta poupança.

Imposto a Pagar

Quando a "Opção pela Tributação" selecionada indicar que há "Imposto a Pagar", o contribuinte deve decidir a forma de pagamento.

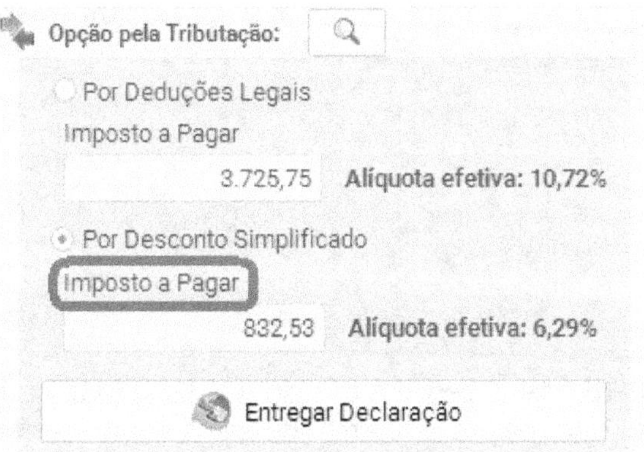

Para informar a forma de pagamento, volte para a tela inicial do IRPF.

Confirme que o título na área de declaração é "Início", conforme em destaque na imagem abaixo:

Se estiver em outra ficha de declaração, basta clicar na aba "Início" localizada na área de declaração (em destaque na imagem acima).

Localize na parte inferior da tela "Início" a seção "Imposto a Pagar":

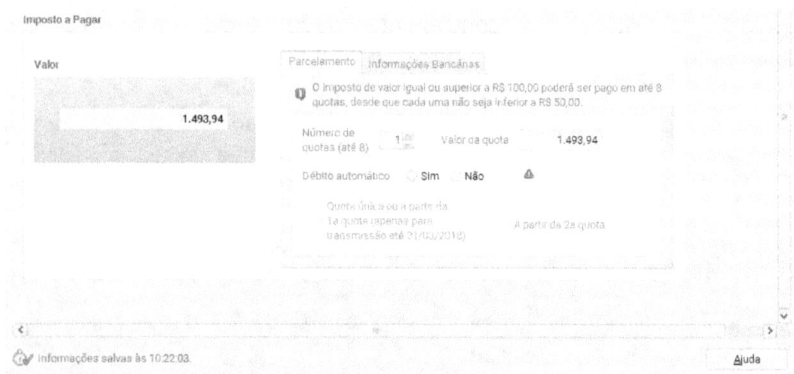

No lado esquerdo desta seção é exibido o valor devido do imposto de renda. E no lado direito a forma de pagamento preferida. Nela, escolha o número de quotas (parcelas) desejada.

> **Valores a partir de R$100,00 podem ser pagos em parcelas, sendo que cada parcela deve ser de no mínimo R$50,00.**
>
> **Quando pago em quotas, as parcelas são acrescidas de juros atrelados a Selic mais 1% do valor.**
>
> **Se a parcela for paga em atraso, há incidência de multa de 0,33% ao dia até o limite máximo de 20%.**

Marque "Sim" em "Débito automático" para que as quotas sejam debitadas em sua conta corrente, ou "Não" para pagamento das quotas via guia "DARF".

> **Mais detalhe sobre o pagamento via "Débito automático" e DARF nas páginas a seguir.**

Pagamento via Débito automático

Para transmissão de declaração feita até 31 de março do *ano-exercício* é possível agendar o pagamento à vista (quota única) ou o pagamento parcelado do imposto de renda.

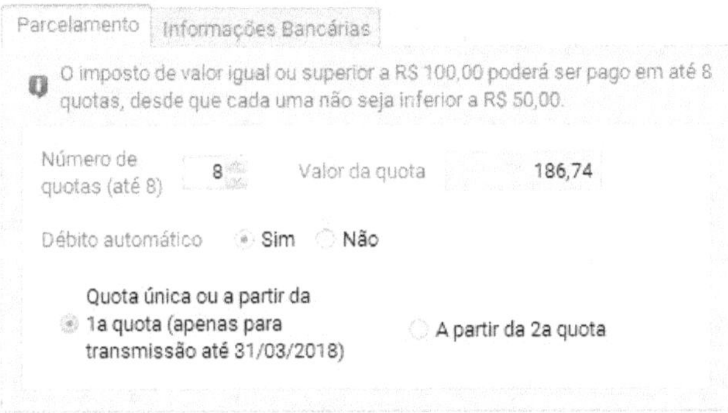

Transmissão após 31 de março e até 31 de abril só permite agendar o pagamento parcelado, e somente a partir da segunda parcela. A primeira parcela deve ser paga via emissão da DARF.

Pagamento à vista após 31 de março, só pode ser feito via DARF.

Dado as informações acima, se você optou pelo "Débito Automático" à vista ou parcelado, acesse a aba "Informações Bancárias" para cadastramento da conta de onde ocorrerá o débito automático.

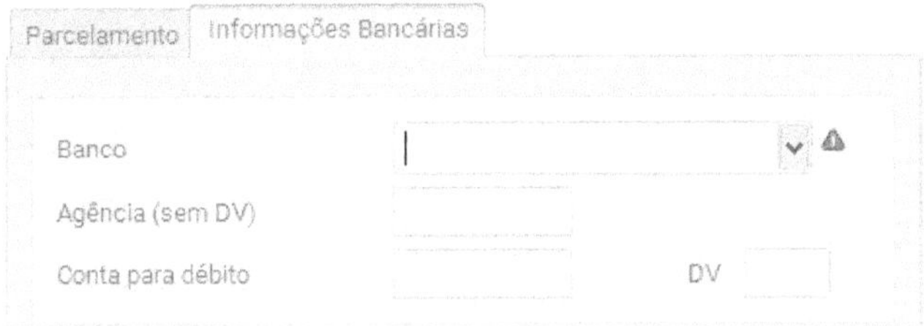

Impressão da DARF para pagamento do imposto

Acesse o menu "Declaração", opção "Imprimir" e clique em "Darf do IRPF":

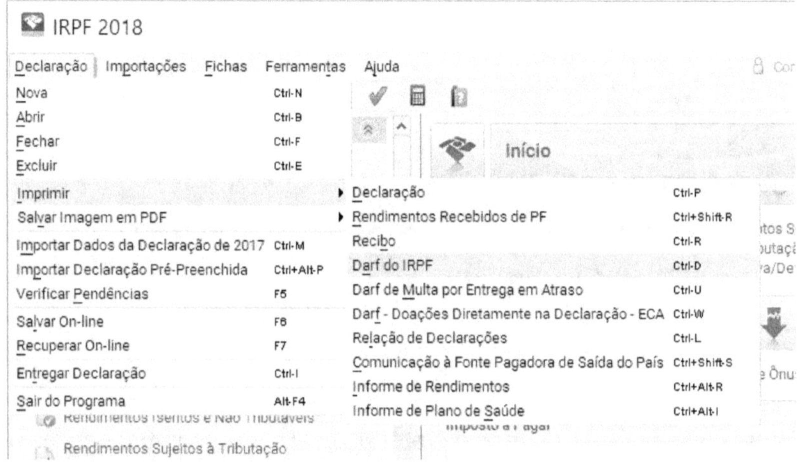

Selecione o contribuinte, marque a opção "Visualizar" e clique no botão "Ok".

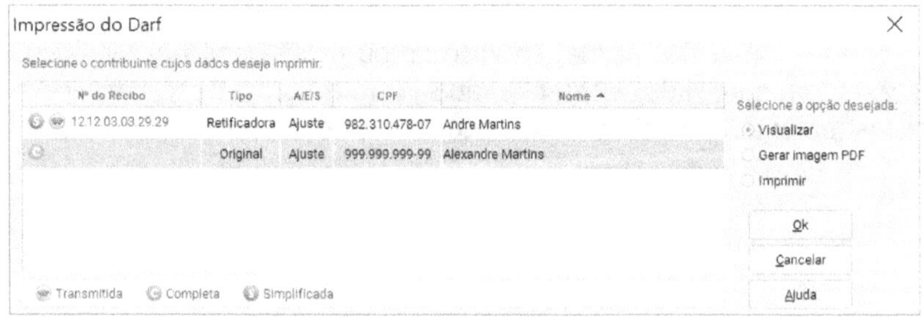

Selecione qual quota/parcela deseja imprimir a DARF.

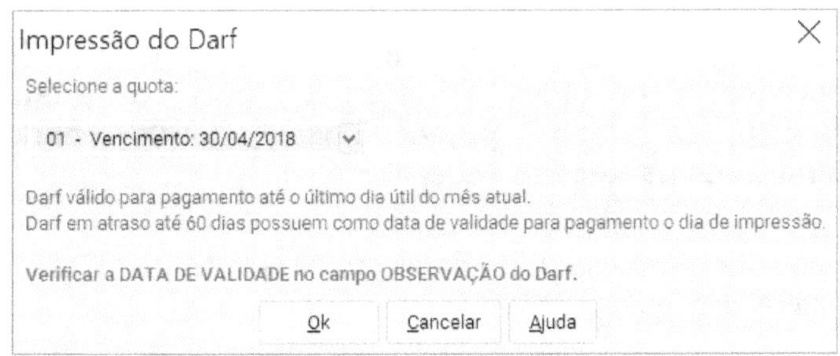

Clique em "Ok". Uma nova janela será aberta com a DARF:

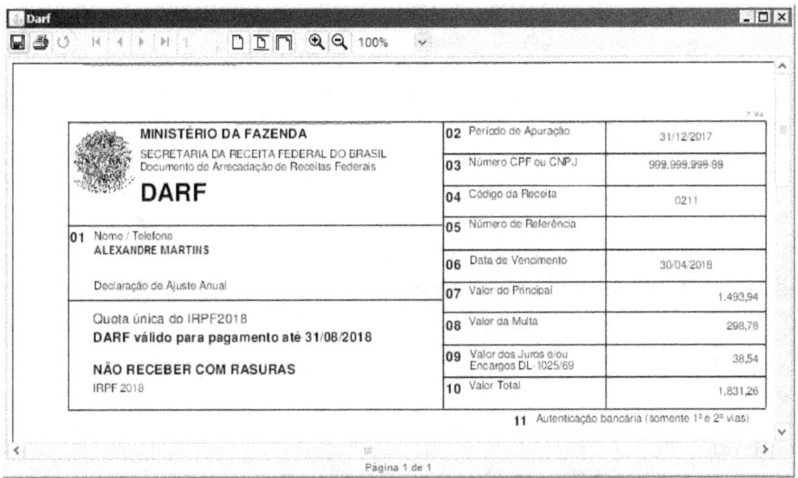

Confirme os seus dados e pague a DARF no banco. Caso queira imprimi-la clique no botão localizado no menu superior.

Entregando a declaração

Para entregar a declaração é necessário estar com o computador conectado a internet, pois o programa transmitirá os dados preenchidos no IRPF para os computadores da Receita Federal.

Clique no botão "Entregar Declaração", localizado na parte inferior do menu lateral esquerdo.

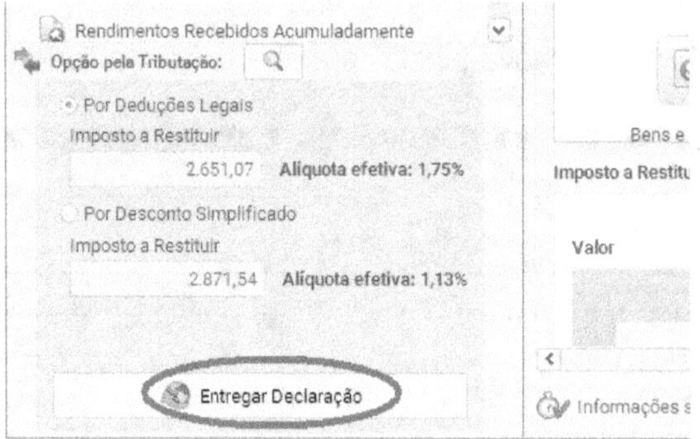

Abrirá uma janela para confirmação da declaração que será entregue.

Confirme que a linha selecionada corresponde ao contribuinte, e clique no botão "Ok".

Em caso de **imposto a restituir**, será confirmado a conta bancária para recebimento. Verifique os dados e clique no botão "Ok".

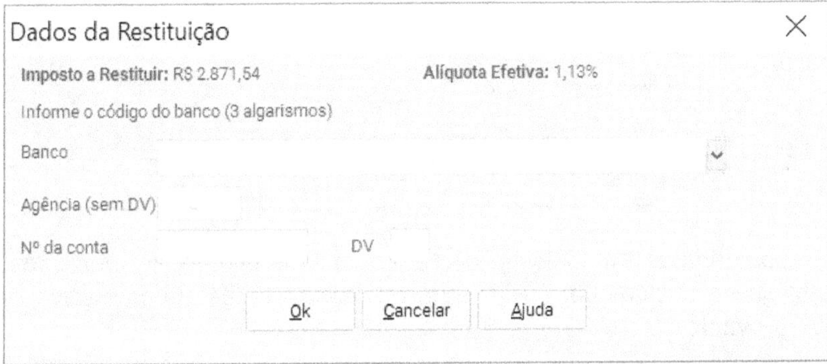

Já em caso de **imposto a pagar**, a tela exibida será a abaixo. Onde será confirmado a forma de parcelamento. Revise as informações e clique no botão "Ok".

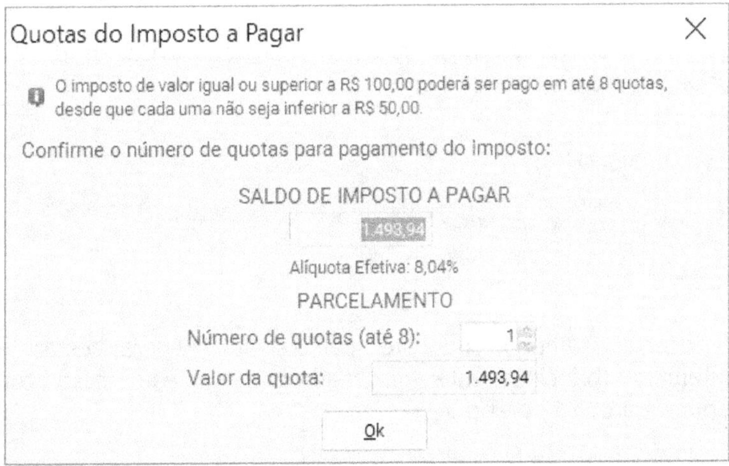

Se você tiver optado por um tipo de tributação menos vantajoso, o IRPF sugerirá que você altere entre o "Desconto Simplificado" ou por "Deduções Legais". Confirme para optar pelo modelo mais vantajoso.

Ao final da transmissão é exibida a tela de sucesso:

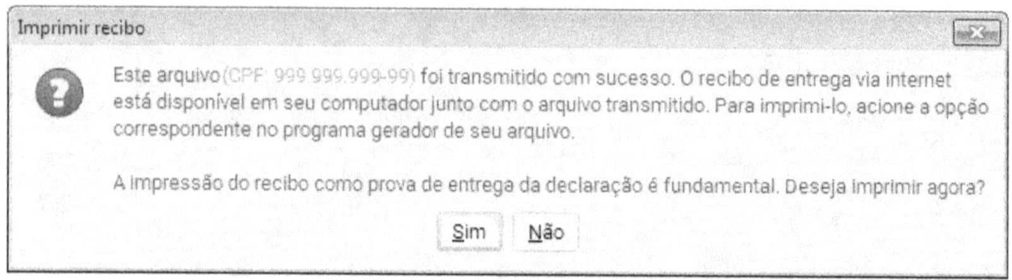

É recomendável a impressão do recibo, pois ele comprova que você entregou a declaração. Assim sendo clique no botão "Sim" e salve o comprovante.

Importante que após a transmissão, você faça uma cópia de segurança da declaração e do recibo. Para isso, siga a seção "Criando uma Cópia de segurança" neste livro.

Se ao invés da mensagem de sucesso, aparecer mensagem de erro, verifique se está conectado a internet.

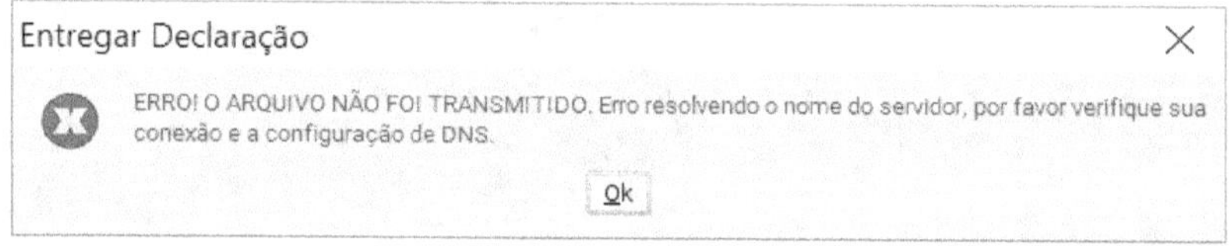

Pode ocorrer também do site da Receita Federal estar em manutenção (principalmente de madrugada), neste caso tente transmitir em outro horário.

Impressão do recibo

A qualquer momento após a transmissão, você pode imprimir o recibo de entrega da declaração. Através do item "Declaração" no menu superior, acessando "Imprimir" e clicando em "Recibo".

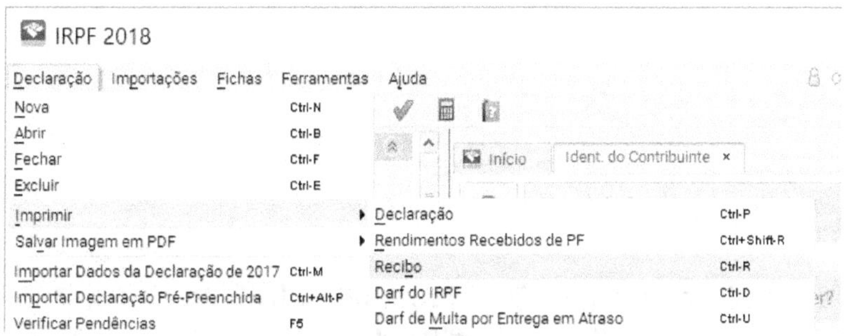

A informação mais importante do recibo está na segunda página, onde encontramos o NÚMERO DO RECIBO, o qual comprova a entrega da declaração.

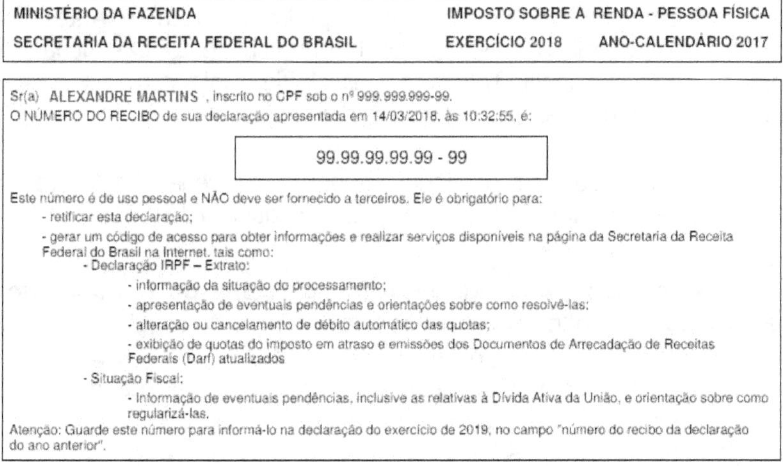

MINISTÉRIO DA FAZENDA	IMPOSTO SOBRE A RENDA - PESSOA FÍSICA	
SECRETARIA DA RECEITA FEDERAL DO BRASIL	EXERCÍCIO 2018	ANO-CALENDÁRIO 2017

Sr(a) ALEXANDRE MARTINS , inscrito no CPF sob o nº 999.999.999-99.
O NÚMERO DO RECIBO de sua declaração apresentada em 14/03/2018, às 10:32:55, é:

99.99.99.99.99 - 99

Este número é de uso pessoal e NÃO deve ser fornecido a terceiros. Ele é obrigatório para:

- retificar esta declaração;
- gerar um código de acesso para obter informações e realizar serviços disponíveis na página da Secretaria da Receita Federal do Brasil na Internet, tais como:
    - Declaração IRPF – Extrato:
        - informação da situação do processamento;
        - apresentação de eventuais pendências e orientações sobre como resolvê-las;
        - alteração ou cancelamento de débito automático das quotas;
        - exibição de quotas do imposto em atraso e emissões dos Documentos de Arrecadação de Receitas Federais (Darf) atualizados
    - Situação Fiscal:
        - Informação de eventuais pendências, inclusive as relativas à Dívida Ativa da União, e orientação sobre como regularizá-las.

Atenção: Guarde este número para informá-lo na declaração do exercício de 2019, no campo "número do recibo da declaração do ano anterior".

Declaração retificadora

Se após o envio da declaração você identificar que faltou preencher alguma informação, é possível corrigir. Para isso acesse a ficha "Ident. do Contribuinte".

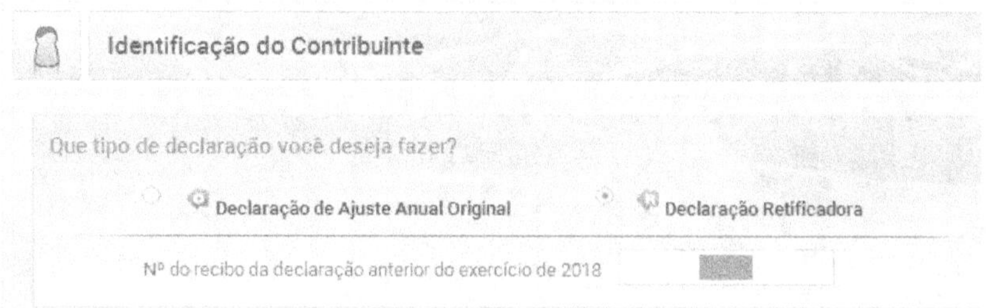

Selecione "Declaração Retificadora", e preencha o número do recibo da última transmissão (é o número que está na recibo da entrega da declaração original).

Agora acerte as informações desejadas, ou preencha os dados que faltaram nas fichas da declaração.

Depois siga o procedimento descrito a partir do capítulo "Antes de entregar a declaração", verificando o preenchimento das fichas e revendo a Opção pela Tributação escolhida, pois com as novas informações, outra opção pode ser mais vantajosa.

Quanto estiver tudo certo clique no botão "Entregar Declaração", localizado na parte inferior do menu lateral esquerdo.

> **Caso já tenha pagado alguma das parcelas do imposto de renda, siga o procedimento descrito no site da receita:** http://idg.receita.fazenda.gov.br/orientacao/tributaria/declaracoes-e-demonstrativos/dirpf/retificadora-online-da-dirpf/procedimentos-para-pagamento-e-restituicao-apos-a-retificacao-da-declaracao-do-imposto-sobre-a-renda-da-pessoa-fisica

Prazo para restituição

As restituições do Imposto de Renda são pagas em lotes conforme o processamento das declarações.

Contribuintes que marcaram a opção "Um dos declarantes é pessoa com doença grave ou deficiência física ou mental?" na ficha de "Ident. do Contribuinte" terão prioridade na restituição.

Os outros contribuintes receberão nos lotes posteriores, com os valores corrigidos pela Selic.

Normalmente até o fim de março a Receita Federal divulga o calendário dos lotes de restituições.

Em setembro de 2018, por exemplo, foi divulgado o seguinte calendário:

Lote	Data	Remuneração Selic	Declarações transmitidas até*
1º	15/06/2018	1,52%	Prioridades
2º	16/07/2018	2,04%	18/03/2018
3º	15/08/2018	2,58%	12/04/2018
4º	17/09/2018	3,15%	24/04/2018
5º	15/10/2018	Não informada	
6º	16/11/2018	Não informada	
7º	17/12/2018	Não informada	

O processamento segue a ordem de entrega da declaração, logo os que entregam no início do prazo deverão receber primeiro a restituição, exceto se houver alguma divergência dos valores declarados, neste caso a restituição poderá ir para a fila da Malha Fina.

Consultando a situação do processamento da declaração

Novamente no site da Receita Federal, poderá consultar sobre a situação do processamento da restituição do Imposto de Renda.

Acesse a URL: http://receita.fazenda.gov.br

Quando há um lote de restituição liberado a receita disponibiliza um link direto para a consulta de situação da declaração:

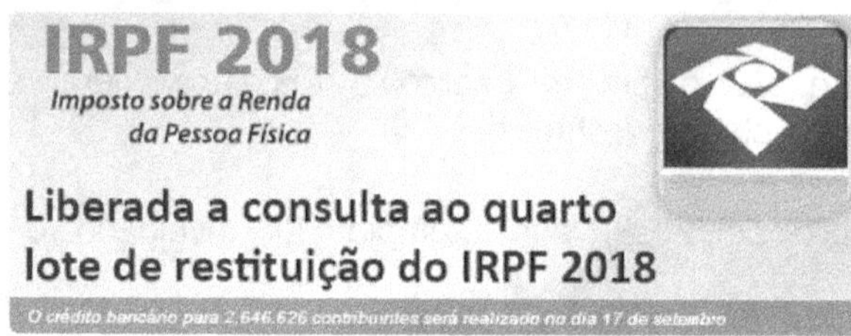

Caso não encontre a imagem acima, veja se há o link "IRPF XXXX" (XXXX é o *ano-exercício*):

Após clicar no link "IRPF XXXX", localize a área "Restituição", e clique em "Consulta à Restituição":

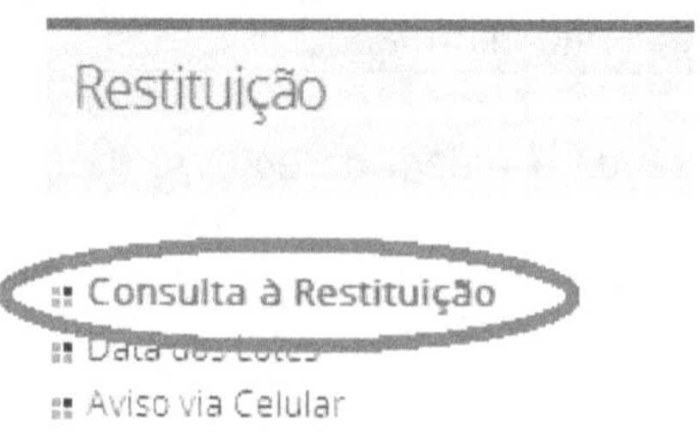

Informe o seu CPF, Data de Nascimento e preencha os caracteres do desafio da imagem. Clique em "Consultar".

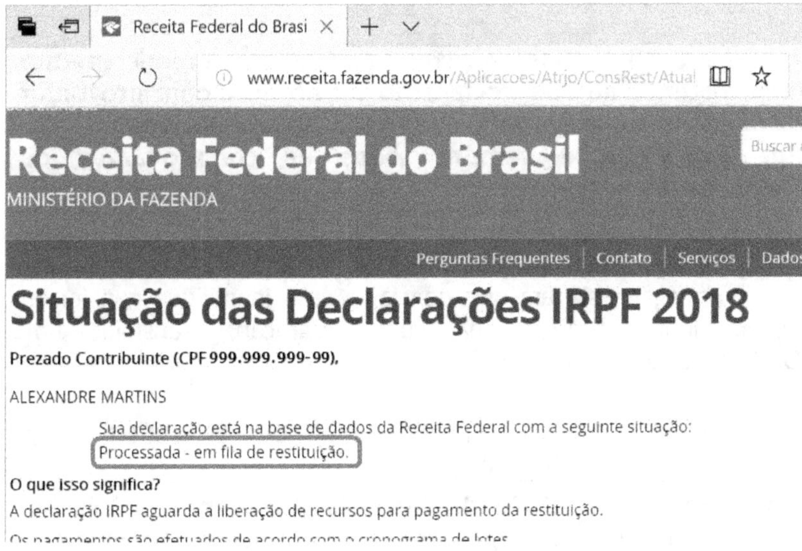

Será exibida a situação da declaração, e uma breve explicação do seu significado.

Malha Fina

No processamento da declaração, a Receita Federal analisa uma série de informações. Por exemplo, ela verificará se os valores declarados pelo contribuinte conferem com os valores declarados pelos prestadores de serviço (como médicos ou instituições de ensino), com as fontes de renda do contribuinte (empregador ou rendimentos bancários) e se os bens declarados conferem com os rendimentos do contribuinte.

Se durante o confronto das informações for identificado alguma divergência, a declaração é enviada para a Malha Fina.

Nesta etapa será feita uma análise minuciosa por auditores, os quais poderão solicitar o contribuinte que compareça aos postos da Receita Federal para prestar esclarecimentos.

> **A divergência pode ocorrer devido ao preenchimento inconsistente na sua declaração ou na de algum prestador de serviços ou empregador que você tenha relacionado.**
> **Por isso, guarde sempre todos os comprovantes de rendimentos e pagamentos.**

No site de Atendimento Virtual da Receita Federal é possível averiguar qual informação está em divergência, e caso identifique que foi um preenchimento incorreto na sua declaração, transmitir uma "Declaração Retificadora".

http://idg.receita.fazenda.gov.br/interface/atendimento-virtual

> **Devido à possibilidade de inconsistências na declaração, verifique a situação de processamento mesmo que você não tenha valor a restituir. Mais informações no capítulo:**
> **"Consultando a situação do processamento da declaração"**

Carnê-Leão

O Carnê-Leão é o programa utilizado para o cálculo do imposto de renda que ocorre na forma de recolhimento mensal obrigatório.

Estão sujeitos ao pagamento do Carnê-Leão os rendimentos tributáveis recebidos de pessoa física e fonte situada no exterior, tais como os relativos a:

- Trabalho sem vínculo empregatício;
- Locação e sublocação de bens móveis e imóveis;
- Arrendamento e subarrendamento;
- Pensões, inclusive alimentícia, ou alimentos provisionais, mesmo que o pagamento tenha sido feito por meio de pessoa jurídica;
- Prestação de serviços a embaixadas, repartições consulares, missões diplomáticas, ou técnicas ou a organismos internacionais;
- Prestação de serviços de representante comercial autônomo, intermediário na realização de negócios por conta de terceiros;
- Emolumentos e custas dos serventuários da Justiça, como tabeliães, notários, oficiais públicos e demais servidores, independentemente de a fonte ser pessoa física ou jurídica, exceto quando forem remunerados pelos cofres públicos;
- Prestação de serviços de transporte de cargas – no mínimo 10% do total dos rendimentos recebidos;
- Prestação de serviços de transporte de passageiros – no mínimo 60% do total dos rendimentos recebidos;
- Rendimentos decorrentes da atividade de leiloeiro.

Note que o pagamento do Carnê-Leão deve ser feito mensalmente. Logo se você se enquadra em um dos casos acima e não fez o pagamento, pode estar em débito com a Receita Federal.

Instalação do Carnê-Leão

O Carnê-Leão deve ser recolhido mensalmente através do programa correspondente ao ano corrente. Logo entre janeiro e dezembro de 2018, você utilizará o Carnê-Leão 2018. No ano seguinte, o programa IRPF2019 será utilizado para importar os dados dos impostos recolhidos no Carnê-Leão2018.

Baixe o programa "Carnê-Leão – Programa de Apuração do Pagamento Mensal do Imposto de Renda" através do site da receita:

http://idg.receita.fazenda.gov.br/programas-para-download/programas-para-voce

> **O processo de download e instalação do Carnê-Leão se assemelha ao do IRPF. Ele também necessita da instalação da JVM, mas se você já instalou para o IRPF já funcionará para o Carnê-Leão, e vice-versa.**

Preenchimento do Carnê-Leão

Após iniciar o Carnê-Leão você terá que criar um demonstrativo para o contribuinte e informar os dados de identificação, de forma semelhante ao exigido no IRPF.

Depois que criar e acessar o demonstrativo do contribuinte, na ficha "Livro Caixa – Escrituração" deve ser informado os rendimentos e despesas referentes ao trabalhador não assalariado, como o autônomo por exemplo.

Na ficha "Demonstrativo de Apuração" são exibidos sumarizados por mês todos os rendimentos e deduções do contribuinte. Nela já constarão os lançamentos informados na ficha "Livro Caixa – Escrituração". Outros tipos de rendimentos como Aluguéis e despesas com Pensão Alimentícia, devem ser informadas diretamente na ficha "Demonstrativo de Apuração", conforme explicado nas páginas a seguir.

Demonstrativo de Apuração

Mês	Rendimentos Carnê-Leão				Deduções Carnê-Leão					Carnê-Leão	
	Trabalho Não Assalariado	Aluguéis	Outros	Exterior	Previdência Oficial	Dependentes	Pensão Alimentícia	Livro Caixa	Imposto Pago no Exterior a Compensar	Imposto Devido	Imposto Pago
JAN	0,00	1.000,00	0,00	0,00	0,00	0,00	0,00	0,00	0,00	0,00	0,00
FEV	0,00	1.000,00	0,00	0,00	0,00	0,00	0,00	0,00	0,00	0,00	0,00
MAR	0,00	1.000,00	0,00	0,00	0,00	0,00	0,00	0,00	0,00	0,00	0,00
ABR	0,00	1.000,00	0,00	0,00	0,00	0,00	0,00	0,00	0,00	0,00	0,00
MAI	0,00	1.000,00	0,00	0,00	0,00	0,00	0,00	0,00	0,00	0,00	0,00
JUN	0,00	1.000,00	0,00	0,00	0,00	0,00	0,00	0,00	0,00	0,00	0,00
JUL	0,00	1.000,00	0,00	0,00	0,00	0,00	0,00	0,00	0,00	0,00	0,00
AGO	1.000,00	1.000,00	0,00	0,00	0,00	0,00	0,00	0,00	0,00	7,20	0,00
SET	0,00	1.000,00	0,00	0,00	0,00	0,00	0,00	0,00	0,00	0,00	0,00
OUT	0,00	1.000,00	0,00	0,00	0,00	0,00	0,00	0,00	0,00	0,00	0,00
NOV	0,00	1.000,00	0,00	0,00	0,00	0,00	0,00	0,00	0,00	0,00	0,00
DEZ	0,00	1.000,00	0,00	0,00	0,00	0,00	0,00	0,00	0,00	0,00	0,00
Total	1.000,00	11.000,00	0,00	0,00	0,00	0,00	0,00	0,00	0,00	7,20	0,00

Observe que conforme o preenchimento dos rendimento e das deduções o valor do imposto é alterado no agrupamento "Carnê-Leão". Por isso é importante detalhar as informações.

Livro Caixa – Escrituração

Os rendimentos e despesas decorrentes da execução do serviço do trabalhador não assalariado devem ser informadas na ficha "Livro Caixa – Escrituração".

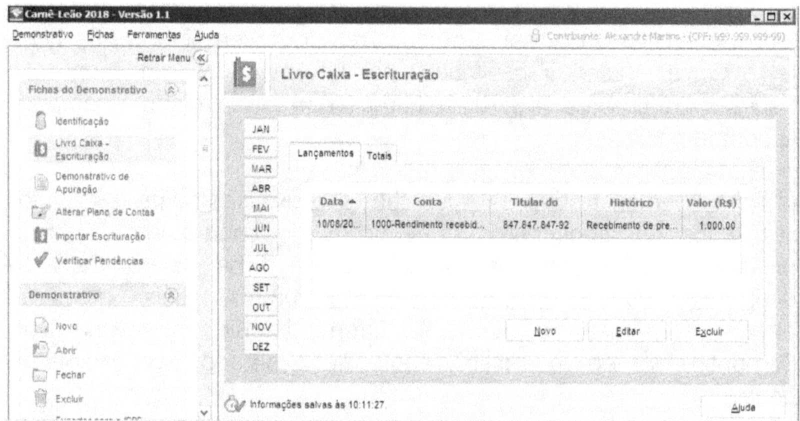

Clique na aba correspondente ao mês dos lançamentos e clique no botão "Novo" para informar um novo registro.

Informe a "Conta" relativa ao lançamento, a qual pode ser do tipo:
- Rendimento – Quando você prestou serviço para alguém.
- Despesa – Quando gastou com luz do escritório por exemplo.

Para Rendimento ainda será solicitado o CPF de quem pagou pelo seu serviço, preenchido no campo "Titular do Pagamento". E no campo "Beneficiário do Serviço" informe o CPF de quem realmente usufrui o serviço prestado (um filho que teve a despesa paga pela mãe, por exemplo). Se a pessoa que pagou é a mesma que usufruiu do seu serviço, marque a caixa "Titular do pagamento é o próprio beneficiário".

Por fim, preencha no campo "Histórico" os detalhes do serviço prestado, e informe o "Valor" pago.

Rendimentos Carnê-Leão

Para declaração de rendimentos como Aluguéis ou Pensão Alimentícia, acesse a ficha "Demonstrativo de Apuração" e preencha os dados no agrupamento "Rendimentos Carnê-Leão".

Mês	Rendimentos Carnê-Leão				Deduções Carnê-Leão			
	Trabalho Não Assalariado	Aluguéis	Outros	Exterior	Previdência Oficial	Dependentes	Pensão Alimentícia	Livro Caixa
JAN	0,00	1.000,00	0,00	0,00	0,00	0,00	0,00	0,0(
FEV	0,00	1.000,00	0,00	0,00	0,00	0,00	0,00	0,0(

Recebimento de Aluguéis

Os valores recebidos de aluguel são informados na coluna "Aluguéis". Deste valor podem ser deduzidas as despesas com taxas, condomínio ou com a administração do imóvel, desde que você tenha pagado por estas despesas. Se o inquilino é quem paga estas taxas, você não pode efetuar a dedução.

Recebimento de Pensão Alimentícia

Valores <u>recebidos</u> de "Pensão Alimentícia" devem ser informados na coluna "Outros".

Deduções Carnê-Leão

As deduções deverão ser informadas também na ficha "Demonstrativo de Apuração", mas no agrupamento "Deduções Carnê-Leão".

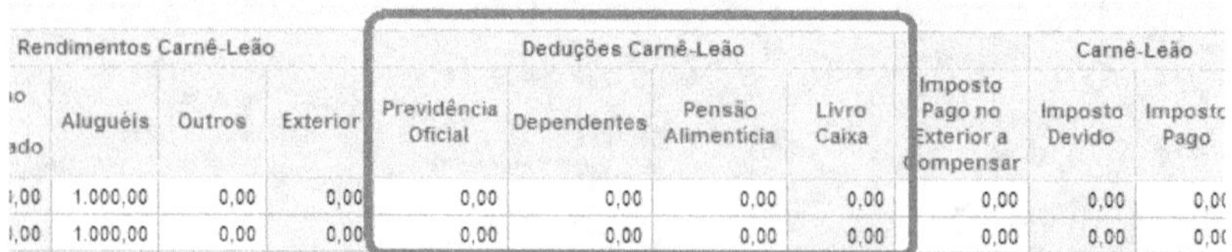

Rendimentos Carnê-Leão				Deduções Carnê-Leão					Carnê-Leão	
io ado	Aluguéis	Outros	Exterior	Previdência Oficial	Dependentes	Pensão Alimentícia	Livro Caixa	Imposto Pago no Exterior a Compensar	Imposto Devido	Imposto Pago
,00	1.000,00	0,00	0,00	0,00	0,00	0,00	0,00	0,00	0,00	0,0(
,00	1.000,00	0,00	0,00	0,00	0,00	0,00	0,00	0,00	0,00	0,0(

Previdência Oficial

Informe os valores pagos à Previdência Social da União, do estado, do Distrito Federal ou do município na coluna "Previdência Oficial".

Dependentes

Cada dependente gera uma redução de R$189,59 (valores em 2018) por mês. Assim preencha na coluna "Dependente" os múltiplos deste valor para cada dependente:
- 1 dependente = R$189,59
- 2 dependentes = R$379,18
- 3 dependentes = R$568,77

Pagamento de Pensão Alimentícia

Os valores <u>pagos</u> de "Pensão Alimentícia" devem ser informados na coluna "Pensão Alimentícia".

Emitindo DARF para pagamento do Carnê-Leão

Havendo "Imposto a Pagar", acesse o menu "Demonstrativo", opção "Imprimir" e clique em "DARF".

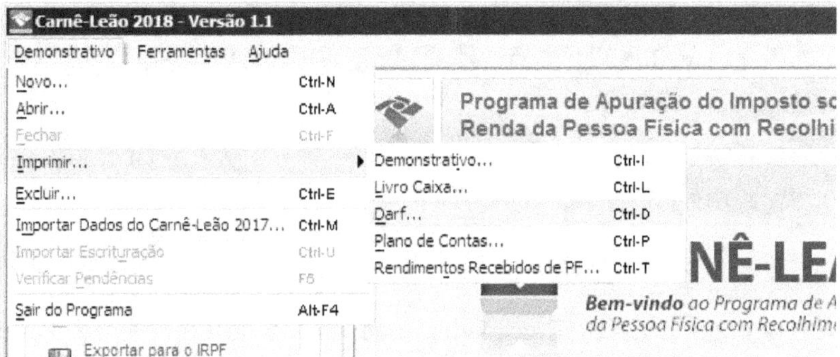

A guia de recolhimento será emitida e deverá ser paga na rede bancária.

Lembre-se de averiguar todo mês se há DARF do Carnê-Leão a ser recolhida.

A DARF em atraso deve ser paga com multa e juros. Para saber mais consulte o capítulo "Calculando DARF em atraso no SicalcWeb".

Exportando dados do Carnê-Leão para o IRPF

Quando for fazer a declaração anual do imposto de renda, volte ao programa do Carnê-Leão do ano anterior e acesse o menu "Ferramentas", opção "Exportar para o IRPF XXXX".

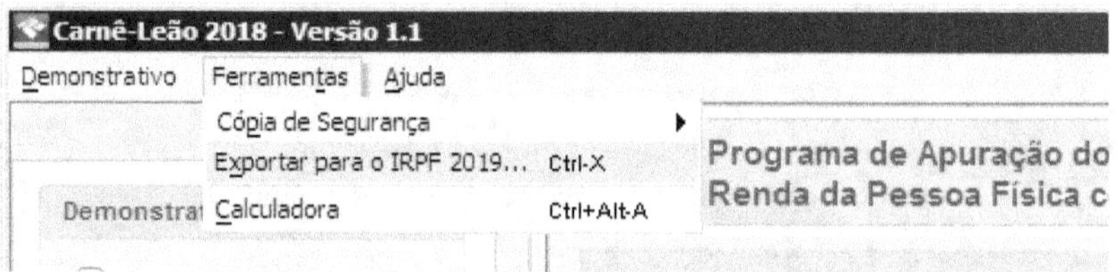

Depois importe no IRPF os dados preenchidos no Carnê-Leão. Para isso, após abrir o IRPF e tiver acessado as informações do contribuinte, clique no menu superior "Importações", e depois em "Carnê-Leão XXXX".

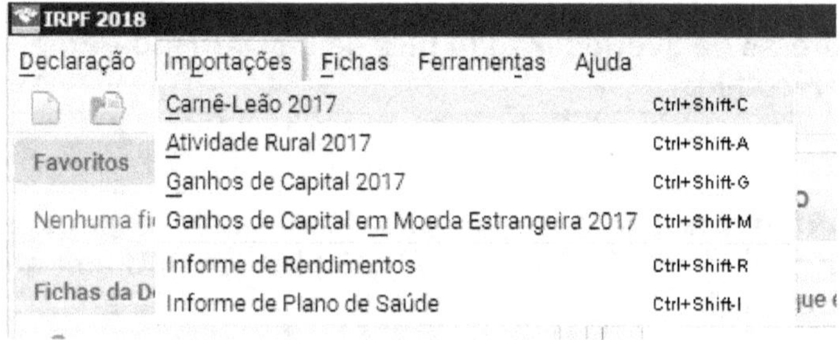

Localize o arquivo salvo do Carnê-Leão e clique no botão "Ok".

GCAP – Ganhos de Capital

O Programa de Apuração de Ganhos de Capital, ou simplesmente GCAP, é utilizado para o cálculo do imposto sobre os ganhos obtidos na alienação de bens, direitos ou participações societárias.

> **Alienação é a transferência de um bem ou direito para outra pessoa ou empresa. Ocorre normalmente em um processo de compra e venda.**

> **O imposto deve ser recolhido até o último dia útil do mês seguinte a alienação, para residentes no Brasil.**

É opcional o preenchimento nos casos de:
- Venda de imóvel adquirido até 1969;
- Alienação de um ou mais bens ou direitos de mesma natureza, em um mesmo mês, de valor até:
  - R$20.000,00 no caso de alienações de ações negociadas no mercado de balcão;
  - R$35.000,00 nos demais casos;
    - Por exemplo, se você vender em um mesmo mês dois carros por R$20.000,00 cada um, não estará isento, pois o valor total é de R$40.000,00.
- Alienação por valor igual ou inferior a R$440.000,00 do único imóvel, desde que não efetuado outra alienação de imóvel nos últimos 5 anos.

Há outros casos isentos de tributação, como a venda do único imóvel, onde o dinheiro obtido na venda seja utilizado na compra de outro imóvel no prazo de 180 dias. Mas de qualquer forma deverá ser preenchido o GCAP para o cálculo e confirmação da isenção.

Instalação do GCAP

O GCAP deve ser calculado e pago até o último dia do mês seguinte a alienação do bem ou direito, através do programa correspondente ao ano corrente. Logo entre janeiro e dezembro de 2018, você utilizará o GCAP2018. No ano seguinte, o programa IRPF2019 será utilizado para importar os dados dos impostos recolhidos no GCAP2018.

Baixe o programa "Ganhos de Capital - Programa de Apuração do Imposto de Renda sobre Ganhos de Capital" através do site da receita:

http://idg.receita.fazenda.gov.br/programas-para-download/programas-para-voce

---

O processo de download e instalação do GCAP se assemelha ao do IRPF.

O GCAP necessita da instalação da JVM. Se você já fez este procedimento anteriormente, não é necessário fazê-lo novamente.

Preenchimento do GCAP

Ao iniciar o GCAP você criará um demonstrativo para o contribuinte e informará os dados de identificação, de forma semelhante ao exigido no IRPF.

Acessando o demonstrativo do contribuinte, encontrará o programa dividido em três áreas, o menu principal na parte superior, o menu de acesso as fichas do demonstrativo na lateral esquerda, e no lado direito a área de preenchimento da ficha selecionada.

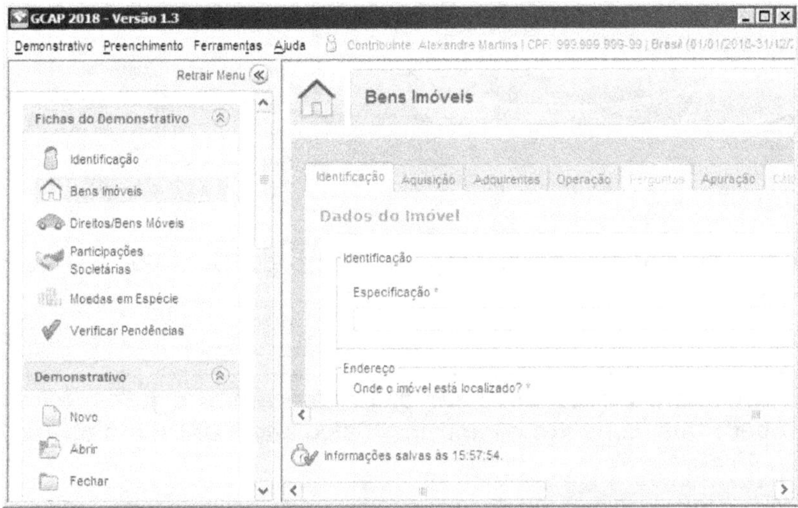

Assim, acesse no menu lateral esquerdo a ficha correspondente ao registro a ser declarado, e faça o preenchimento na área de declaração a direita.

Quando concluído o preenchimento das fichas dos demonstrativos, emita a guia DARF para pagamento do imposto.

Emitindo DARF para pagamento do GCAP

Havendo "Imposto a Pagar", acesse o menu "Demonstrativo", opção "Imprimir" e clique em "Darf Bens/Direitos/Participações Societárias" ou "Darf Moedas em Espécie" conforme o caso.

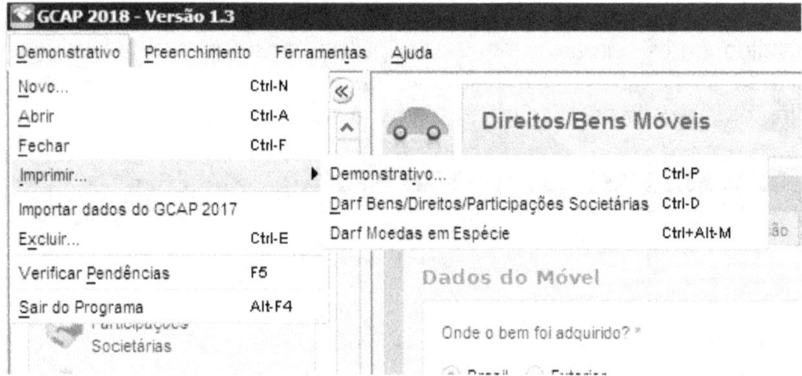

Após emissão da guia de recolhimento pague a DARF na rede bancária.

A DARF em atraso deve ser paga com multa e juros. Para saber mais, consulte o capítulo "Calculando DARF em atraso no SicalcWeb".

Exportando dados do GCAP para o IRPF

Quando for fazer a declaração anual do imposto de renda, volte ao programa do GCAP do ano anterior e acesse o menu "Ferramentas", opção "Exportar para o IRPF XXXX".

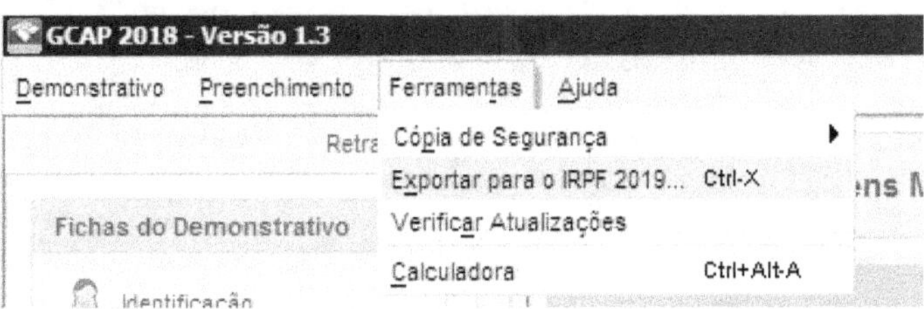

Você selecionará o contribuinte e o local para salvar o arquivo, que será utilizado posteriormente para importação no programa de declaração anual do imposto de renda

A Receita Federal disponibiliza durante o ano novas versões do mesmo programa GCAP. Na imagem acima, vemos que o GCAP 2018 está na Versão 1.3.

Nas primeiras versões disponibilizadas do GCAP no ano, ao clicar no botão "Exportar para o IRPF XXXX" pode aparecer a mensagem:

"Esta funcionalidade será disponibilizada numa próxima versão do GCAP XXXX"

Neste caso você terá que instalar uma versão recente do GCAP, que será disponibilizada pela Receita Federal antes do início do período para entrega do IRPF.

Para verificar se há uma nova versão, no mesmo menu "Ferramentas" clique em "Verificar atualizações".

Depois importe no IRPF os dados preenchidos no GCAP. Para isso, após abrir o IRPF e tiver acessado as informações do contribuinte, clique no menu superior "Importações", e depois em "Ganhos de Capital XXXX".

Localize o arquivo salvo do GCAP e clique no botão "Ok".

Calculando DARF em atraso no SicalcWeb

Caso tenha atrasado o pagamento da DARF do IRPF, do Carnê-Leão ou do GCAP, será necessário calcular a multa e juros.

Para isso, existe o site SicalcWeb da Receita Federal, disponível em:

http://www.receita.fazenda.gov.br/Aplicacoes/ATSPO/SicalcWeb/default.asp?TipTributo=1&FormaPagto=1

Aberto o site SicalcWeb, clique na aba "Pagamento".

Informe o "Código da Receita" localizada na DARF original e clique em "Continuar".

| Pagamento | Agendamento | Cancelamento | Comprovantes | Domicílio Fiscal | Ajuda | Versão: 1.7.66 |

Pessoa Física

Domicílio Fiscal do Contribuinte	
UF: SP	Município: SAO PAULO

Data de Pagamento	Receita
25/09/2018	0211 - IRPF - DECLARAÇÃO DE AJUSTE ANUAL, DECLARAÇÃO DE SAÍDA DEFINITIVA

Tipo de Período	Período	Valor Principal
Exercício - a partir de Ex - 1996		

Informe o Exercício no formato AAAA

Retornar   Limpar   Continuar

Preencha o "Período" e o "Valor Principal". O formato da data no campo "Período" difere conforme o "Código da Receita" informado. Posicione o ponteiro do mouse sobre o campo para exibir o formato. Sendo que, "MM" significa "Mês" (Janeiro é 01, por exemplo), e "AAAA" significa Ano (2018 por exemplo).

Clique em "Continuar" e siga com o preenchimento nas próximas telas com os dados da DARF original. No final será gerado uma nova DARF para pagamento já com a multa e juros calculados.

Perguntas frequentes – FAQ

Hoje é abril de 2019. Qual programa do IRPF devo baixar para declarar o imposto de renda de 2018?
R.: Em 2019, baixamos o IRPF2019 o qual se refere ao *ano-exercício* de 2019. Nele declaramos bens, rendimentos e despesas que ocorreram no *ano-base* 2018.

E no ano de 2019? Qual programa do Carnê-Leão devo utilizar para os pagamentos mensais do imposto de renda?
R.: Em 2019, baixamos o Carnê-Leão 2019. No ano seguinte importaremos as informações dele para o IRPF2020.

Um dos links citados não está abrindo. O que fazer?
R.: Verifique se a internet está funcionando, acessando outro site que você já conheça. Depois confirme que a URL digitada está exatamente como o descrito no livro, inclusive o uso de letras maiúsculas e minúsculas. Por último, a Receita Federal pode ter alterado o link de acesso, neste caso acesse o site inicial http://receita.fazenda.gov.br/ e utilize a caixa "Busca no portal" para procurar o item desejado.

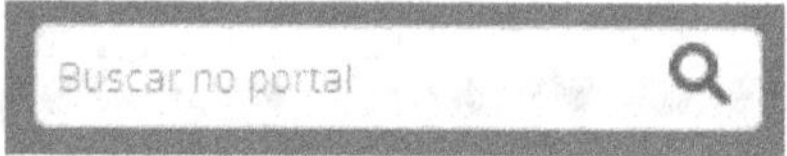

Ao iniciar/utilizar o IRPF é apresentada mensagem pedindo versão mais recente da JVM. Como proceder?
R.: Siga o capítulo "Instalando a JVM" deste livro.

Iniciei o programa do IRPF, mas não encontro as fichas de declaração. Onde elas estão?
R.: Na primeira tela do IRPF estarão listados do lado direito os contribuintes cadastrados no computador. Você deve clicar em um deles para abrir as fichas de declaração para o contribuinte selecionado. Sugiro a leitura do capítulo "Iniciando o programa IRPF".

Após importar uma declaração do ano anterior, qual o tipo de declaração escolho, Original ou Retificadora?

R.: A primeira declaração transmitida no ano será Original. A Retificadora é utilizada na correção da declaração do mesmo ano.

Preciso estar conectado a internet para preenchimento da declaração?

R.: Não é necessário. Somente para a instalação e o envio da declaração é necessário conectar-se com a internet.

Meu filho era meu dependente até metade do ano passado. Após separação passei a pagar pensão alimentícia. Declaro-o na ficha de Dependente ou Alimentando?

R.: Somente para este *ano-base* o seu filho pode ser incluído como Dependente e Alimentando. Discrimine os gastos correspondentes a cada situação em que ele se enquadrava.

Meu filho recebeu pensão alimentícia acima do valor isento (para o ano-exercício de 2018 o valor de isenção era de R$1.903,98 por mês), mas não fiz os pagamentos do Carnê-Leão. Como proceder?

R.: A multa cobrada no IRPF para este caso é de até 50% do imposto devido. Para pagar um valor menor, preencha o Carnê-Leão com os meses que faltaram e calcule no SicalcWeb a multa, que será de no máximo 20% mais os juros corrigidos pela Selic.

Como informar o pagamento de cursos pré-vestibular, de inglês ou intercâmbio?

R.: Estes tipos de curso não podem ter os pagamentos deduzidos, então não devem ser informados.

As parcelas a pagar do meu consórcio lanço na ficha "Dívida e Ônus Reais"?

R.: Não devem ser lançadas nesta ficha. As informações do consórcio são preenchidas na ficha de "Bens e Direitos". Consulte o capítulo "Consórcio de imóveis e veículos".

Glossário

No glossário são descritos os significados para os termos utilizados neste livro, com base no contexto em que estão aplicados.

Termos do IRPF

Alienação – É a transferência de um bem ou direito para outra pessoa ou empresa. Ocorre normalmente em um processo de compra e venda.

Ano-exercício – É o ano em que a declaração deve ser feita e entregue. Por exemplo, em 2019 deverá ser feita a declaração dos bens, rendimentos e despesas referentes ao *ano-base* 2018.

Ano-base ou ***ano-calendário*** – Compreende a declaração dos bens, rendimentos e despesas do período de 1 de janeiro até 31 de dezembro do ano de referência, ou seja, o ano em que aconteceram os fatos a serem declarados.

Contribuinte – A pessoa referida na declaração, a qual possui a obrigação tributária de identificação junto a Receita Federal.

DARF – Documento de Arrecadação de Receitas Federais, é a guia utilizada para o pagamento dos tributos administrados pelo Ministério da Fazenda e pela Secretaria de Receita Federal.

Ficha – Similar a uma ficha de consultório onde estão as informações de um paciente. No IRPF as fichas são organizadas por diferentes assuntos, como Identificação do Contribuinte, Bens e Direitos, etc.

Termos de informática

Aplicativo – Igual a sistema de informática ou programa de computador.

Botão – Área normalmente em formato retangular, disponibilizado em sites ou aplicativos de computador. Quando clicar no botão ele executará uma ação. "Ok" no exemplo abaixo significa "Confirmar".

Dependendo do contexto, pode significar também os botões físicos do mouse, veja que há dois, o botão esquerdo e o botão direito.

Clicar ou clique – É a ação de apertar o botão esquerdo do mouse sobre uma área, botão ou link.

Download ou ***Baixar programa*** – Significa fazer uma cópia de um programa que esteja em outro computador na internet para o seu computador.

Exportar – Salvar em um arquivo os dados preenchidos no sistema.

Importar – Copiar os dados de um arquivo para dentro do sistema. Pode ser utilizado para obter os dados de um arquivo que esteja em outra versão, por exemplo, no IRPF2019 é possível importar os dados do arquivo gravado do IRFP2018, mas não necessariamente voltará todas as informações, copiará somente as partes pertinentes ao IRPF2019.

Janela – Área que delimita um assunto em um programa de computador ou navegador de internet.

Java – É uma linguagem de programação para computadores.

JVM – Java Virtual Machine, em português Máquina Virtual Java, é um aplicativo que interpreta um código de programação escrito na linguagem Java para executar comandos em um determinado sistema operacional.

Linguagem de programação – Assim como nós utilizamos diversas línguas para nos comunicar, como o Português ou Inglês, os computadores também possuem várias línguas, como a Java ou Pascal. Para conseguir entender diferentes línguas são utilizados interpretadores de código, que são como tradutores para as máquinas. A JVM é um exemplo de um tradutor da Java para a linguagem dos computadores.

Link – Imagem ou texto "clicável", que quando acionado abre ou direciona para uma nova janela ou funcionalidade.

Menu – Área em um site ou programa de computador que permite acessar diferentes seções/funcionalidades.

Programa – Igual a sistema de informática ou programa de computador.

Registro – Representa uma informação armazenada sobre um determinado item, é uma analogia ao registro que existe no mundo físico, como por exemplo, os registros de nascimento. Normalmente os registros são apresentados em formato de tabela, onde cada linha é um registro e cada coluna detalha um pouco mais daquele registro.

Restaurar – Voltar os dados do sistema a um ponto anteriormente salvo.

Salvar – Guardar os dados do sistema.

Referências

Receita Federal
Disponível em: http://receita.fazenda.gov.br
Acesso em: 10/06/2018

IRPF – Programa de Declaração de Imposto do Imposto sobre a Renda da Pessoa Física
Versão: 2018
Disponível em:
http://idg.receita.fazenda.gov.br/interface/cidadao/irpf/2018/download/windows

Carnê-Leão – Programa de Apuração do Imposto sobre a Renda da Pessoa Física com Recolhimento Mensal Obrigatório
Versão: 2018
Disponível em:
http://idg.receita.fazenda.gov.br/orientacao/tributaria/pagamentos-e-parcelamentos/pagamento-do-imposto-de-renda-de-pessoa-fisica/carne-leao/2018/programa-carne-leao-2018

GCAP – Programa de Apuração dos Ganhos de Capital
Versão: 2018
Disponível em:
http://idg.receita.fazenda.gov.br/orientacao/tributaria/pagamentos-e-parcelamentos/pagamento-do-imposto-de-renda-de-pessoa-fisica/ganho-de-capital/programa-de-apuracao-de-ganhos-de-capital-moeda-nacional/2018/programa-de-apuracao-dos-ganhos-de-capital-gcap2018

SicalcWeb – Programa para Cálculo e Impressão de Darf OnLine
Acesso em: 04/09/2018
Disponível em:
http://www.receita.fazenda.gov.br/Aplicacoes/ATSPO/SicalcWeb/default.asp?TipTributo=1&FormaPagto=1

www.ingramcontent.com/pod-product-compliance
Lightning Source LLC
LaVergne TN
LVHW020333200726
843507LV00012B/2342